科学性の芽生えから問題解決能力育成へ
―新学習指導要領における資質・能力の観点から―

小林辰至
大澤　力【編著】

文化書房博文社

目　　次

はじめに　……………………………………………… 小林辰至…… 5

第 一 章　21世紀型教育と科学性の芽生えから問題解決能力育成
　　　　　……………………………………………… 後藤顕一…… 9

第 二 章　「幼児教育」における21世紀型教育と科学性の芽生え育成
　　　　　……………………………………………… 大澤力…… 33

第 三 章　小学校・中学校教育における新学習指導要領と21世紀型教育の核心
　　　　　…………………………………………………………… 45

　1　小学校「生活科」：体験と表現の相互作用の充実と育成が期待される資
　　　質・能力 ……………………………………… 田村学…… 45

　2　小学校「理科」：原体験を基盤として問題解決の能力を育むための視点
　　　………………………………… 小林辰至・五島政一…… 60

　3　中学校「理科」：理科の見方・考え方を働かせて探究の能力を育成する手
　　　立てと評価 ………………………… 小林辰至・後藤顕一…… 89

　4　小学校・中学校「総合的な学習の時間」：探究のプロセスの充実と育成が
　　　期待される資質・能力 ……………………………… 田村学……115

おわりに　……………………………………………… 大澤力……131

執筆者一覧　………………………………………………………… 134

はじめに

　平成28年12月21日、中央教育審議会第109回総会において、「幼稚園、小学校、中学校、高等学校及び特別支援学校の学習指導要領等の改善及び必要な方策等について（答申）」が出された。

　答申の意図は、2030年の社会と、そして更にその先の豊かな未来において、一人一人の子供たちが、自分の価値を認識するとともに、相手の価値を尊重し、多様な人々と協働しながら様々な社会的変化を乗り越え、よりよい人生とよりよい社会を築いていくために、教育課程を通じて初等中等教育が果たすべき役割を示すことである。

　その社会的背景には、「グローバル化は我々の社会に多様性をもたらし、また、急速な情報化や技術革新は人間生活を質的にも変化させつつある。こうした社会的変化の影響が、身近な生活も含め社会のあらゆる領域に及んでいる中で、子供たちの成長を支える教育の在り方も、新たな事態に直面していることは明らかである。」と述べられているように、グローバル化や技術革新がある。我々をとりまく社会は、これからも凄まじい勢いで変化し続けるであろう。しかし、どのような時代にあっても、人の教育における幼児期からの自然や人との豊かな関わりをおろそかにするようなことがあってはならない。日々、幼児や小学校低学年の児童と向き合っている教員は、彼らが行う自然と向き合う体験や自然物を用いた遊び等を通じて、好奇心や探究心をはじめ感性や意欲等の全人格的な能力の基盤が育まれることを実感をもって受け止めているのではないだろうか。また、子どもは自然と触れ合う体験や自然物を用いた遊びを通じて、こうすれば結果はこうなるだろうといった、事象を原因と結果の関係で捉える見方や考え方も、知らず知らずのうちに身につけている。幼児期や小学校低学年の時期に育まれる好奇心や探究心、事象を原因と結果の関係で捉える見方や考え方は、理科を始めとする様々な教科の学習につながる。さらに、事象

【高等学校】	≪発展：explorescience≫（Especially Science for Interested students：世界をリードする人材として）
	○ 科学的課題に徹底的に向き合い、考え抜いて行動する態度を養う。科学的な探究能力を活用して、専門的な知識と技能の深化・統合化を図るとともに、自発的・創造的な力を養う。
	● 科学的な探究能力の育成を主体的に図ることができる「課題研究」を充実させる。（理数科、理数探究（仮称））
	≪応用：advancedscience≫（Science for Interestedstudents：科学技術立国としての日本を支える人材として）
	○ 自然の事物・現象について、科学的に探究する能力と態度を養うとともに、論理的な思考力や創造性の基礎を養う。
	● 「観察・実験」や「探究活動」を一層充実させて、科学的な探究能力の育成を図る。また、日常生活や他教科（数学、情報、保健体育、地理など）との関連を図る。

≪基礎：basicscience≫（Sciencefor All students：善良な市民として）
◎ 理科の見方・考え方を働かせ、見通しをもって課題や仮説を設定し、観察・実験などを行い、根拠に基づく結論を導き出す過程を通して、事象を科学的に探究するために必要な資質・能力を次のとおり育成する。
○ ①自然の事物・現象に対する概念や原理・法則的の理解と科学的探究についての理解や、探究のために必要な観察・実験の基本的な技能を養う。
　②見通しをもって観察・実験などを行い、科学的に探究したり、科学的な根拠を基に表現したりする力を養う。
　③自然に対する畏敬の念を持ち、科学の必要性や有用性を認識するとともに、科学的根拠に基づき、多面的・総合的に判断する態度を養う。
● 「観察・実験」や「探究活動」を充実させることにより、科学的な探究の過程を通じて、中学校で身に付けた資質・能力をさらに高める。観察・実験が扱えない場合も、論理的に検討を行うなど、探究の過程を経ることが重要である。また、日常生活や他教科（数学、情報、保健体育、地理など）との関連を図る。

| 【中学校】 | |
◎ 理科の見方・考え方を働かせて、問題を見いだし、見通しをもって課題や仮説を設定し、観察・実験などを行い、根拠に基づく結論を導き出す過程を通して、自然の事物・現象を科学的に探究するために必要な資質・能力を次のとおり育成する。
○ ①自然の事物・現象に対する概念や原理・法則の理解と科学的探究についての基本的な理解や観察・実験等の基本的な技能を養う。
　②見通しをもって観察・実験を行い、科学的に探究したり、科学的な根拠を基に表現したりする力を養う。
　③自然を敬い、自然の事物・現象に進んでかかわり、科学することの面白さや有用性に気付くとともに、科学的根拠に基づき判断し表現する態度を養う。
● 小学校で身に付けた、問題解決の能力をさらに高め、自然事象の把握、課題の設定、予想・仮説の設定、検証計画の立案、観察・実験の実施、結果の処理、考察・推論、表現等の学習場面を充実する。また、日常生活や他教科との関連を図る。
　例えば、1年：自然の事物・現象に進んでかかわり、その中から問題を見いだす。2年：解決方法を立案して実行し、結果の妥当性を検討する。3年：探究の過程を振り返り、その妥当性を検討する。

| 【小学校】 | |
◎ 理科の見方・考え方を働かせて、自然にかかわり、問題を見いだし、見通しをもって観察・実験などを行い、より妥当な考えを導き出す過程を通して、自然の事物・現象についての問題を科学的に解決するために必要な資質・能力を次のとおり育成する。
○ ①自然の事物・現象に対する基本的な概念や性質、規則性の理解を図り、観察・実験等の基本的な技能を養う。
　②見通しをもって観察・実験を行い、問題を解決する力を養う。
　③自然を大切にし、学んだことを日常生活などに生かそうとするとともに、根拠に基づき判断する態度を養う。
● 観察・実験の結果を整理し考察し表現する学習活動を充実する。
● 問題解決の能力、例えば、3年：差異点や共通点に気付き問題を見いだす力、4年：既習事項や生活経験を基に根拠のある予想や仮説を発想する力、5年：質的変化や量的変化、時間的変化に関して解決の方法を発想する力、6年：要因や規則性、関係を多面的に分析して考察し、より妥当な考えをつくりだす力を育成する学習活動を充実する。
● 目的を設定し、計画して制御するという考え方の学習活動を充実する。

(小学校低学年)
例えば、[生活科]
○ 自然とのかかわりに関心をもち、自然を大切にしたり、その不思議さに気付いたりすることができる。
○ 身近な自然を観察したり、季節や地域の行事にかかわる活動を行ったりなどして、四季の変化や季節によって生活の様子が変わることに気付き、自分たちの生活を工夫したり楽しくしたりできる。
○ 身近にある自然を利用したり、身近にある物を使ったりして、遊びや遊びに使う物を工夫してつくり、その面白さや自然の不思議さに気付き、みんなで遊びを楽しむことができるようにする。
○ 動物を飼ったり植物を育てたりして、それらの育つ場所、変化や成長の様子に関心をもち、また、それらは生命をもっていることや成長していることに気付き、生きものへの親しみをもち、大切にすることができるようにする。

| 【幼児教育】 | （教育課程部会幼児教育部会において、本部会での議論を踏まえ、幼児期に育みたい資質・能力、幼児期の終わりまでに育ってほしい姿の明確化について審議） |
・身近な事象に好奇心を持って思いを巡らしながら積極的に関わり、物の性質や仕組み等に気付いたり、予想したり、工夫したりなどして多様な関わりを楽しむようになるとともに、友達と考えを思い合わせるなどして、新しい考えを生み出す喜びを感じながら、よりよいものにするようになる。
・自然に触れて感動する体験を通して、自然の変化などを感じ取り、身近な事象への関心が高まりつつ、自然への愛情や畏敬の念を持つようになる。
・身近な動植物を命あるものとして、いたわり大切にする気持ちを持つようになる。

図　中央教育審議会答申で示された理科教育のイメージ

を原因と結果の関係で捉え、原因と考えられる要因をこのように変えると結果はこのようになるという見方や考えは、いわゆる仮説であり、理科に限らず社会科等の他の科目の学習場面でも活用できる科学的な見方・考え方である。

　答申では、幼児教育から高等学校までを見据えて、その基盤となる幼児教育において育みたい資質・能力が明確に位置づけられている。また、答申には理科教育のイメージが資料として示されている（図）。このイメージは幼児から高校生までの発達と成長を縦軸にして、理科教育で育まれる資質・能力を俯瞰的に示したものと捉えることができる。つまり、学習指導要領等の改善の理念を理科教育の視点で、幼児教育や生活科教育と関連づけて可視化したものであ

ると考えられる。この図は、幼児期や小学校低学年の子どもが自然と五感で触れ合ったり、友達や大人と関わったりする体験を通して育まれた資質・能力をさらに伸ばす生活科や理科の授業改善を行う上でたいへん参考になる。

　本書は、中央教育審議会答申で示された学習指導要領等の改善の理念を幼児教育、生活科教育、理科教育においてどのように具現化するかについて、主として問題解決・探究能力の育成の観点から提案するものである。執筆者は、大澤力氏が主張する幼児期における科学性の芽生えの重要性に共感した専門領域を異にする第一線で活躍している諸氏である。中央教育審議会答申の理念を受け止め、そして子どもの発達・成長を縦軸として捉え、幼児教育、生活科教育、理科教育を連続的かつシームレスに接続して、2030年の社会を逞しく生きる次の世代を育成しようとする先生方の実践の参考になれば幸いである。

平成27年2月吉日　上越教育大学　小林辰至

第一章 21世紀型教育と科学性の芽生えから問題解決能力育成

1 これから求められる資質・能力

（1） 21世紀社会の特徴

　21世紀も10数年の時間が経過してきたが、これまでの世紀と違う今世紀社会の特徴として、次の三つが挙げられよう。一つ目は、「知識基盤社会」である。知識基盤社会では、様々な知識や情報が、既存の知識や他の知識や情報に適用されることで、新しい価値を持つ知識が生み出される。例えば、マーケティング・リサーチャーに市場調査結果を渡せば、マーケティングのプランが作り出され、生産者はアイデアに沿って製品を作り、戦略的に販売を行うといったように、創出される新しいプランやアイデアといった知識は、多様な知や経験を融合させながら、多面的な視点から導き出される最適解となっていることに気づかされる。二つ目は、「情報化社会の高度化」である。大量の情報がインターネット上で共有され、誰でもどこでもアクセスできる環境が整いつつある。そこから、「すぐに調べられる知識そのものより、検索スキルや情報を吟味する批判的思考力などが重要だ」という考えもあるが、効果的な検索を行うためには検索対象に関する領域知識も必要となる。すなわち、知識を正確に覚えておくことだけでなく、既有知識に基づいて重要な情報を選別し、集めた情報や知識を編集して新しい考えを作り出すことができる力や、不足があれば自ら学ぶ

力が重要になってきていることは疑いのないところである。多様な価値観を持つ他者と交流し対話を通じて、新しい解、新しい価値を生み出すためのものとなる。三つ目は「グローバル化」である。「グローバル化」は、国境を越えて人、もの、情報等が行き来する可動性を高めるとともに、多国籍企業の隆盛、環境問題や経済格差問題など、様々な影響を世界に与え始めている。この観点から先の二つの特徴を見直すと、単に経済的な側面での成功のためだけではない知識基盤社会や情報化社会の在り方が見えてくる。

　社会の変化を捉え直し、その変化をよりよい方向へと向けていくために、市民一人一人が課題を共有し、責任をもって主体的に意見を述べ、多様な考えを交流させながら、答えが定まらないような、あるいは、答えが無いような問に向けて最適解、最善解を求め続ける力、価値を創りだしていく力、それこそが、これから求められる資質・能力と言えるのではないかと考える。このような力を育成するために、幼児期の教育を含め、学校教育、すなわち、小学校、中学校、高等学校での学びとして、何をすべきで、何ができるであろうか。

(2)　文科省が示した求められる資質・能力の三つの柱とアクティブ・ラーニングの視点からの不断の授業改善

　平成 26 年 11 月末、文部科学大臣が中央教育審議会（中教審）に「初等中等教育における教育課程の基準等の在り方について」諮問した。これを受け、新しい時代にふさわしい学習指導要領等の基本的な考え方の議論が始まり、平成 27 年 8 月末には、「論点整理」をとりまとめ、平成 28 年 8 月 1 日には、答申に向けた経過報告ともいえる「次期学習指導要領に向けたこれまでの審議のまとめ（素案）」、平成 28 年 12 月 21 日には、答申が

示された。現在、次期学習指導要領「答申」では、学校を変化する社会の中に位置付けるとともに、「社会に開かれた教育課程」の実現に向けて「教職員間、学校段階間、学校と社会の間の相互連携を促すため、初等中等教育を総体的な姿を描くことを目指すものである」としている。その基準となる学習指導要領、幼稚園教育要領を、「学校教育を通じて子供たちが身に付けるべき資質・能力や学ぶべき内容などの全体像を分かりやすく見渡せる「学びの地図」として、教科等や学校段階を越えて教育関係者間が共有したり、子供自身の学びの意義を自覚する手掛かりを見いだしたり、家庭や地域、社会の関係者が幅広く活用したりできるものとなることが求められる」としている。また、学校の社会や地域における存在意義とともに、次代を担う子供がこれから求められる資質・能力を獲得していく場としての学校の在り方を求めている。教育課程全体を体系化することによって、幼児期教育・小学校・中学校・高等学校といった段階間、教科等間などの相互連携を促していくことを求めている。さらに、子どもが、資質・能力の獲得を目指すには、質の高い保育、学校教育の推進、加えて、取り巻く家庭地域の教育力の向上が不可欠であり、日々の学びをさらに充実させていくことが要となる。

　「答申」では、これからの世の中を生き抜いていくために、求められる資質・能力の整理を示している。また、今まで我が国が培ってきた教育を尊重し、国内外の社会の変化や動向について先行的な研究動向を踏まえ、学校がどうあるべきか、授業がどうあるべきかをまとめている（文部科学省、2015、2016）。整理では「ⅰ）何を知っているか、何ができるか（個別の知識・技能）」「ⅱ）知っていること・できることをどう使うか（思考力・判断力・表現力等）」「ⅲ）どのように社会・世界と関わり、よりよい人生を送るか（学びに向かう力、人間性等）」を、三つの資質・能力の柱

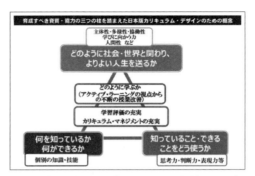

図1-1 「答申」での「育成すべき資質・能力」図

とし、それらを育成する中核に、どのように学ぶのか（アクティブ・ラーニングの視点からの不断の授業改善）、学習評価の充実としてカリキュラム・マネジメントの充実を位置づけている。

これは、「知識の量や質」の重要性とともに、つけたい力である「資質・能力」を重視することを示したものである。幼児期教育・学校には、家庭地域を含めた学校教育を取り巻く全体を通しての育成を求め、先生方には、そのためにも効果的な幼児期教育・学校教育の核である保育・授業展開の工夫を求めているといえる。また、文部科学省では、資質・能力の育成を目指したアクティブ・ラーニングの視点からの不断の授業改善が求められ、その視点として、次の三つが示されている。

①　習得・活用・探究という学習プロセスの中で、問題発見・解決を念頭に置いた深い学びの過程が実現できているかどうか。
②　他者との協働や外界との相互作用を通じて、自らの考えを広げ深める、対話的な学びの過程が実現できているかどうか。
③　子供たちが見通しをもって粘り強く取り組み、自らの学習活動を振り返って次につなげる、主体的な学びの過程が実現できているかどうか

第一章　21世紀型教育と科学性の芽生えから問題解決能力育成　13

図1-2　次期学習指導要領改訂の方向性

2　これから求められる教育とは
　　資質・能力の育成に向けた内容と学習活動の関係とは

(1)　資質・能力の育成に向けた内容と学習活動の関係

　資質・能力の育成に向けた授業づくり、アクティブ・ラーニングの視点の授業づくりでは、先の三つの視点を踏まえ、内容と資質・能力を学習活動でつないでいくことが、学びの質を高められ、生きる力を育むことにつながるものと考えられる。内容と資質・能力を一体で育てる授業とはどんなことだろうか。やさしいことばで言い表すならば、「知って、考えて、行動する」ような授業であるといえよう。

図1-3 内容と資質・能力を学習活動でつなぐ

　資質・能力育成に向けて、内容と学習活動とがうまく結び付いた授業では、内容理解に向けた学習活動が子供の持つ資質・能力（例えば、自分の考えを一つ出して仲間と共有するような力）を自然に引き出し、学習活動が内容の理解や学習を深めることを通して、子供が自覚しながら資質・能力（例えば、考えの違いを大切にして新しい考えを出す力）を育てていく特徴がよく見られている。

　一方で、内容、学習活動、資質・能力がうまく結びつかない授業には、学習活動が目的化する例（例えば、ディベートを行うことが目的化してしまう）や、学習活動と内容とが切り離される例（例えば、子供に「考えなさい」「話し合いなさい」と投げかけるのみで、何を考えるのか、何を話し合うのか、いかなる答えや進歩が得られるのかがわからないなど）、学習過程が形式化する例（例えば、「めあて」が教師に提示されるものの、児童・生徒と共有できていない例、「振り返り」が教師による「まとめ」になってしまっている例、児童・生徒一人一人が学んだことを自覚できていない例など）が挙げられる。以上の対比から、一人一人が自らの考えを進めるなど内容の学習のために、学習活動が生かされた時に、その活動のよさを自覚することができ、そこから自らの資質・能力を育てていくこと

第一章　21世紀型教育と科学性の芽生えから問題解決能力育成　　15

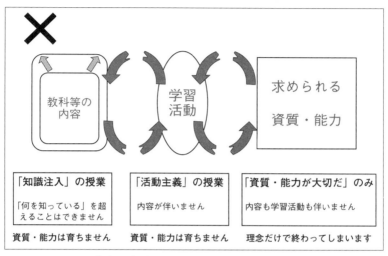

図1-4　内容と資質・能力を学習活動の乖離したモデル図

ができる可能性が示唆されている。

　また、どれか一つが欠けても、うまくいかないことも明らかである。例えば、資質・能力と内容だけが結びついても、それに見合った学習活動が伴わなければ、学校の中で学ぶ必然性を見いだしづらくなってしまう。また、資質・能力を育成する意識が欠落してしまっては、いくら内容と学習活動が結びついても、何のために行っているのかわからなくなり、単なる作業に過ぎなくなる可能性が生じる。内容が欠落しては、薄っぺらな取組となり、学びが深まることはなくなってしまうこととなりかねない。求める資質・能力と、内容、学習活動がつながってこそ、それぞれの効果を発揮するとともに、学びは深まるものであるといえる。

　質の高い授業とは、求められる資質・能力、内容、学習活動が結びついた授業である。欠けても、バラバラでも成立しない。まずは、子供にとって求められる資質・能力とは何かを具体的に示すとともに、子供たちにと

って必要な内容を構想し、その獲得に足る学習プロセスを重視した学習活動で学びを構成すること、すなわち、資質・能力と内容と学習活動をつないでいくことが重要である。

　論点整理や審議まとめ（素案）で示された資質・能力の目標である「社会・世界と関わり、よりよい人生を送ることができるような力」を育成するためには、意味のある問いや学びの文脈を創ることが求められる。

　また、学習プロセスを捉えるため、1時間の授業（短期）での学びの変化の見取りとともに、単元全体、1学期間、1年間といった期間（長期）での学習集団全体や個人の変容を捉える視点も求められる。

　いずれにおいても、求められる資質・能力、内容、学習活動といった要素間のつながりを意識し、目的に対応した評価規準を持ち、子供の変容や指導の授業計画と授業実践の前後の変容の「差分」をみとることが求められる。すなわち、構想・計画（P）、実践（D）、更にそれを検証（S）（または、チェック（C）改善（A））を行い続けられる、カリキュラム・マネジメントサイクルへの取組が重要である。このような取組は、実践してみないとわからないことも多かろう。児童生徒の多様な学びを失敗と捉えず、恐れることなく、挑戦し続けることが大切であろう。さらに、行った実践や学習評価に対し、検証・修正を重ねて、再構成すること、単線型でなく、循環型で粘り強く改善し続ける授業実践が求められる。

(2)　これから求められる科学教育の在り方

1)　問題解決過程の重要性

　これから求められる資質・能力を育成する上で、科学教育の在り方を考える。これから求められる資質・能力は、問題解決の過程の上に成り立つといっても過言ではない。問題解決の過程は、科学教育において常に重視

第一章　21世紀型教育と科学性の芽生えから問題解決能力育成　　17

されており、それぞれの過程における詳細な研究も進んでいる（例えば、小林、2012）。これらの研究は、これからの科学教育分野における教育課程の構想に大いに影響を与えたと言える。

　平成27年から平成28年にかけて、国は、これからの科学教育に向けての審議を重ね、8回の審議を経て、理科ワーキングとしての審議まとめを示した。そこでは、これからの科学教育のグランドデザインを示すとともに、求める資質・能力とともに、具体的な問題解決の過程である学習過程の例を表1（小学校部分を抜粋）のように示している。

　科学教育の在り方として、「見通し」「振り返り」を重視しながら、「自

表1-1　小学校の例

	知識や技能	思考力・判断力・表現力等	学びに向かう力、人間性等	資質・能力の育成のために重視すべき学習過程等の例に
小学校理科	■自然事象に対する基本的な概念や性質・規則性の理解 ■理科を学ぶ意義の理解 ■科学的に問題解決を行うために必要な観察・実験等の基礎的な技能（安全への配慮、器具などの操作、測定の方法、データの記録等）	（各学年で主に育てたい力） 6年：自然事象の変化や働きについてその要因や規則性、関係を多面的に分析し考察して、より妥当な考えをつくりだす力 5年：予想や仮説などをもとに質的変化や量的変化、時間的変化に着目して解決の方法を発想する力 4年：見いだした問題について既習事項や生活経験をもとに根拠のある予想や仮説を発想する力 3年：自然事象の差異点や共通点に気付き問題を見いだす力	■自然に親しみ、生命を尊重する態度 ■失敗してもくじけずに挑戦する態度 ■科学することの面白さ ■根拠に基づき判断する態度 ■問題解決の過程に関してその妥当性を検討する態度 ■知識・技能を実際の自然事象や日常生活などに適用する態度 ■多面的、総合的な視点から自分の考えを改善する態度	見通し　自然事象に対する気付き／問題の見いだし／予想・仮説の設定／検証計画の立案／観察・実験の実施／結果の整理／考察や結論の導出　振り返り

然事象に対する気付き」「問題の見いだし」「予想・仮説の設定」「検証計画の立案」「観察・実験の実施」「結果の整理」「考察や結論の導出」を循環的に行っていくことの重要性を示している。これは、幼少期から高等学校卒業、生涯にわたり、重視すべき過程であると言えよう。理科ワーキング資料では、小学校から高等学校までの構造的、段階的な枠組みが示されている。

2) 意味のある問いや課題で学びの文脈を創る大切さ

資質・能力の育成を可能にし、効果のあるアクティブ・ラーニングに向かっていくためには、具体的にどのような学習活動を取り入れていくのがよいのかについて考えてみたい。意味のある問いや課題で学びの文脈を創ることは、深い学びに向かう上でとりわけ重要である。内容と資質・能力をつなぎ主体的な学びを引き起こすことを目指した問いや課題で学びの文脈を創ることについて、具体例とともに示す。子供の未来につながる主体的かつ対話的な学びの実現に向けた意味のある問いや課題とは何か。後藤（2014）は、問いの重要性について、先行研究を踏まえ、次のような整理をしている。（一部、改変）

　Ａのような問いは、主体的な学びの育成に結び付かない問いと考えられ、引き起こされる学習活動も単なる知識の再生、記憶の再生にとどまる問いといえる。Ｂのような問いは、「深く考える」（思考力）と結び付くが、「子供の多様な考えを引き出す」「考えを深めるために対話のある活動を導入する」といった学習活動を引き起こすイメージには至らない問いといえる。Ｃのような問いは、「深く考える」（思考力）と結び付き、「子供の多様な考えを引き出す」「考えを深めるために対話のある活動を導入する」といった学習活動、問題を解くために、情報を知識等と関連付けて自分の考えを作り、他者の考えとも比較吟味して統合したり予想したりしな

第一章　21世紀型教育と科学性の芽生えから問題解決能力育成　　19

表1-2　「問い」の種類と「問いの例」

「問い」の種類	問いのパターン	水の温まり方での 具体的な例
A　内容のみ（知識の有無）に関する問い	・どちらですか。答えなさい。	水の温まる順番を上、下で答えなさい。
B　内容について理由や根拠を考える問い	・結論付けなさい。 ・結論に至った理由について根拠を示し主張してください。	水は下の方を熱しているのに、上の方から温まるのはなぜだろうか。
C　内容についての学びの過程（プロセス）を考える問い	・どうなると予想するか。 ・予想は、何を根拠に考えたか。 ・それを検証するための実験を計画して、実際にやって、予想と比較して、結論付けてください。	熱したときの水の動きを調べるには、どうしたらよいだろうか。
D　内容について理由や根拠、学びの過程を基にして、他者との関わり、世界とのつながり考えるような問い	・地域の環境を保全するために再優先することは、どれですか。友達と考えあなたのグループでの判断し、根拠を説明してください。 ・Aさんは次のように主張しています。あなたは、これに対してどう考えますか。賛成、あるいは反対の立場を明確にして、その理由・根拠を説明してください。	日常生活で、ものの温まり方がどのように活用されているか、例を挙げて説明してみよう。

がら、実際に実験して検証するような学習活動をイメージできる問いといえる。Dのような問いは、子供たちに意味のある問いであり、他者とのかかわりを意識させ、世界とのつながりを考えるような問いであると言えよう。

　もちろん、授業の問いがCやDばかりでは、授業時間はいくらあっても足りなくなってしまう。どのような場面で、どのような問いを投げかけるのか。子供たちが授業中に投げかけてくる問いは一体どのような種類の問いなのか。これらを把握しながら、授業を構成し、展開していくと深い学びにつながっていくことが可能になると考えられる。まずは、問いのそれぞれの機能を十分理解することこそが大切である。

3) 「見方・考え方」の重要性

　資質・能力の育成を実現するには、アクティブ・ラーニングの視点からの学習過程の改善、カリキュラム・マネジメントの充実、教員と子供をアクティブ・ラーナーにすることが求められている。

　求める資質・能力が内容と結びつき、さらに、アクティブ・ラーニングの視点からの授業改善（主体的、対話的、深い学びが実現できているかを検証）がなされることが求められるが、これらを遂行するためには、より具体的な手立てが必要となる。その手立てこそが、「見方、考え方」であると言えよう。

　端的に言えば、見方とは視点、考え方とは思考の枠組みである。子どもは、これらを働かせて、資質・能力を学びの中で培うことになり、教師も見方・考え方を授業等で活用すれば、授業を進める手立てにもなると考えられる。

4) 深い学びに向けて学習活動を創出する「問い」に対しての問題解決における具体的な思考操作

　活動を創出する「問い」に対しての問題解決が図られる際、子供たちの

表1-3　それぞれの学校種における理科の見方・考え方

高等学校理科	自然の事物・現象を、質的・量的な関係や時間的・空間的な関係などの科学的な視点で捉え、比較したり、関係付けたりするなどの科学的に探究する方法を用いて考えること
中学校理科	自然の事物・現象を、質的・量的な関係や時間的・空間的な関係などの科学的な視点で捉え、比較したり、関係付けたりするなどの科学的に探究する方法を用いて考えること
小学校理科	身近な自然の事物・現象を、質的・量的な関係や時間的・空間的な関係などの科学的な視点で捉え、比較したり、関係付けたりするなどの問題解決の方法を用いて考えること

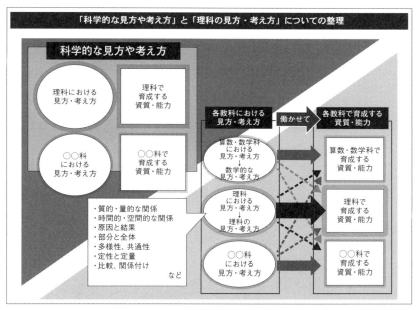

図1-5 見方・考え方のイメージ図（理科ワーキング資料）

思考がうまく働くための具体的な思考操作について追求しつづける必要があろう。アクティブ・ラーニングを進める上で、見方・考え方をさらにより具体的に示した「すべ・手立て」を機能的に用いることが有効であると考えられる。子供が自由に用いて思考を促進させるような「すべ」（比較する、分類する、関係付ける、多面的に見る、条件を制御する、規則性を見いだす等の動詞）を問題解決である学びの文脈の中で工夫しながら用いることで学習効果が上がると思われる。

そして、子供と教員が、「すべ・手立て」を用いることに価値を感じるようになることが大切である。学習場面で自然な形で「すべ」を自由に使いこなせることができるようになれば、日常場面でも汎用的に用いること

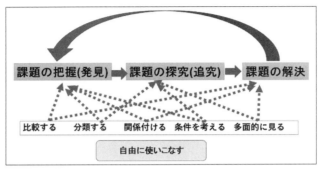
図1-6 「すべ・手立て」による用い方の例

ができ、さらに価値が高まると思われる（国立教育政策研究所、2014）。図1-6は、各発達段階で育成することが期待される思考力の一例と「すべ」の用い方の例を示したものである。

3 資質・能力の育成に向けた評価観とは

(1) 資質・能力の育成に向けた評価観

「社会に開かれた教育課程」を目指し、次代を担う子供が、これから求められる資質・能力を獲得していくことが必要である。アクティブ・ラーニングを進めていくにあたって、学習評価は何のためにあるのかを問い直す必要があろう。アクティブ・ラーニングを支える学習評価として、資質・能力を育成することに生かせる評価観が鍵となる。学習評価においては、学びによる自己変容を自覚できることが重要であり、また、具体的に見える形の評価方法が必要である。現行の学習指導要領においても指導の改善を図るとともに、評価を通じた教育の質の保証を図るため、観点別学習状況の評価を推進していくことが必要であるとされている（文部科学

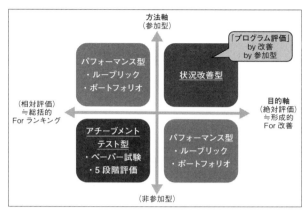

図1-7 評価の目的と方法の一考察（米原、2015）

省、2010)。さらに、文部科学省（2010）では、「児童生徒が行う自己評価や相互評価は、児童生徒の学習活動であり、教師が行う評価活動ではないが、児童生徒が自身のよい点や可能性について気付くことを通じ、主体的に学ぶ意欲を高めること等学習の在り方を改善していくことに役立つから、積極的に取り組んでいくことも重要である。」としている。

アチーブメントテスト（学習達成度を測定する学力テスト）型の評価は、子供の順位付けや、選抜試験等では効果を発揮するかもしれない。一方、改善に資する評価は、状況改善を求め、進捗状況を見据えながら、教師だけでなく、学習者も参加する評価活動といえる（例えば、源、2007）。米原（2015）は、社会につながる評価の考え方を基に図1-7のような整理をしているが、これからの評価観として状況改善型である参加型評価の重要性を説いている。参加型評価、状況改善型評価の一つとして、相互評価が考えられる。評価規準を決めて、自己や他者の学びの伸びや改善を求め合う、相互評価を行うことが望まれよう（例えば、後藤、2013）。

資質・能力の育成に向けた学習評価として、田中（2015）は、到達度評価と個人内評価を結び付けていく必要性、真正な評価の重要性を述べている。教育評価の考え方として、これからは、例えば、「評価は子どもの自己形成を手助けする人と人とのかかわり合い」といった考え方（東洋、2001）や、「自己評価」について、「現代の教育実践と教育評価の中心に位置付けるべきもの」（安彦、1987）といった評価観に基づき、自己評価や相互評価などを取り入れた評価を構想していく必要もあろう。子供は、評価を通じて学ぶ意義を自覚するとともに、学びたくなる、学ぶ必然が生じるような、主体的・持続的な学習活動、更にそれを超えて、学んだことを深く理解し、使えるようになる学びと評価を目指すべきだと考える。また、教師の指導においては、内容、学習活動、資質・能力の育成と評価を一体と捉えていくことが求められる。そのためには、学習評価の工夫を行い、指導の改善につなげていくことが必要である。北尾（2006）は、優れた他者評価を介すことによって自己評価の信頼性が保証されることから、まず自己評価させ、その結果と他者評価の結果とを比較した後に、再度自己評価させるようなサイクルが望ましいとしている。循環的、複線的な主体的・対話的な学びを促進し、それらを含め学習評価に結び付けていくためには、「従来型の評価観に代わり、「問題解決評価観」を基にしたカリキュラム・マネジメントに基づいた学習評価による検証・再構成」（松尾、2014）が求められよう。また、主体的・協働的な学びを育成するためには、カリキュラム・マネジメントの発想を取り入れて、不断の授業改善に資する反省・検証が必要である。後藤・松原（2015）は、カリキュラムマネジメント・モデルを示しているが、子供の資質・能力の育成に向けては、カリキュラム・マネジメントの発想に基づき、検証を繰り返すことが重要であるとしている。検証の視点として、資質・能力と内容とのつなが

第一章　21世紀型教育と科学性の芽生えから問題解決能力育成　　25

りはよかったか、そのための学習活動は適切だったのか、問題解決の過程
と学習活動のつながりはどうだったのか等があげられよう。また、成果や
課題を捉える際には、1時間の授業（短期）から見出される変化もあり得
るが、単元全体、1学期間、1年間といった期間（長期）の変容を捉える
視点も必要となるだろう。

(2)　「学習としての評価」という考え方

　エールは、評価について整理をしているが、その中で、学習者が主体と
なる「学習としての評価」（Earl. 2003）に向けての研究を注目したい。資
質・能力の向上には、「学習の評価」を超えて、「学習のための評価」が必
要である。さらに、評価活動が学習であるという「学習としての評価」と
いう考えが求められる。評価が学習に内包されているため、学習者自らが
評価に参加することとなり、これは先に示した参加型評価であると言え
る。この考え方に基づく評価を取り入れ、具体的な取組を行っていくこと
は、資質・能力の育成につながる評価観であると考える。

表1-4　学習評価のまとめ（Earl. 2003）

三つの評価	概要	評価主体
学習の評価 （Assessment of Learning）	成績の決定 （For grading）	教師が評価主体 （By teachers）
学習のための評価 （Assessment for Learning）	授業・学習改善 （For modifying T & L activities） 教師の指導改善だけではなく、子供自身による学習改善の支援を目指す形成的評価	教師が評価主体 （By teachers）
学習としての評価 （Assessment as Learning）	学生自身の学習の自己調整 （For self-regulation of learning）	学生が評価主体 （By students）

(3)　「学習としての評価」の実践事例

1)　相互評価表の活動とは何か

　これら研究動向を踏まえつつ、「学習としての評価」としての、より具体的な効果が期待できる取組として相互評価表を活用した実践を示す。すなわち、相互評価におけるルーブリック規準を相互に考案する活動、規準に基づいたポイント評価をする活動等を通じて学習内容の理解の精緻化が図られ、コメント評価等を通じて主体的・対話的な学びの育成が図られることを期待する。しかも、それらを自然な形で促し、「見える化」することが可能となり、メタ認知することで学びの価値を自覚することができるところに意義がある。

2)　相互評価表の説明と実践への適応の具体例

　千葉県立高校教諭北川教諭の実践（後藤顕一、2015）の概要を具体的に紹介する。

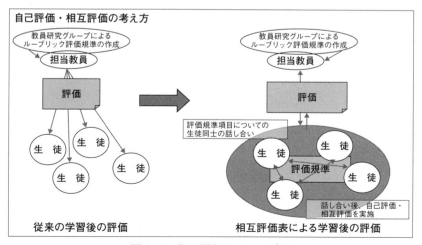

図1-8　相互評価のイメージ図

第一章　21世紀型教育と科学性の芽生えから問題解決能力育成　　27

　ここでは、実験「凝固点降下」における考察課題を用いた一例を紹介する（一部改訂）。

> 科学的根拠を踏まえて、氷と塩化ナトリウムの寒剤で温度が水の融点以下に下がる理由を書きなさい。

　この課題は、導き出される結論と実験の結果とを考えさせるもので、実験目的に沿ったものである（文部科学省、2010）。このような日常の学びで求める課題でも、活用が可能である。学習者は相互評価により、自己の記述を振り返り、他者を評価する。学習活動の概要は以下の通りである。

> ①　生徒の記述例文を配布し、班ごとで討議し、評価規準の要素を挙げる。
> ②　挙がった評価規準の要素を共有・整理し、用いる評価規準を確認する。
> ③　相互評価表を用い、ポイント、コメントによる相互評価を行い、学びを振り返る。
> ④　改善のために「書き直し」を行う。
> ⑤　再度、相互評価を行い、自己、他者の変容について、振り返る。

3)　相互評価の学習者、指導者における成果

　相互評価表を活用する実践、さらに実践を分析することにより、学習者、指導者双方に価値が見いだされた。学習者の価値として、自己評価では、自己変容を3つの次元、すなわち①やり直しによる効果、②繰り返しによる効果、③定着による効果から確認ができた。一方、他者評価を行う効果として、他者の記述に向き合い、相手に対して適切なコメントを要求されるため、学習内容の深い理解、表現力が求められ、その育成が促される点が挙げられる。また、他者評価を受けることによる効果として、自分の学びの改善に向けた他者からの指摘による自己の気付き、他者からのコメントから励まされることによる自己効力感の向上などが挙げられた。一

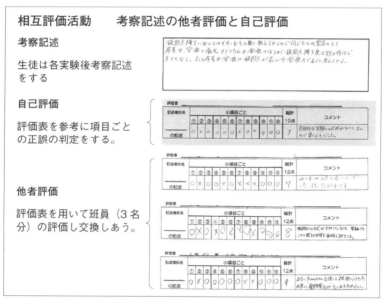

図1-9 相互評価表（例）と実践での相互評価表活用

方、指導者としては、子供の主体的な学びが埋め込まれているため、教え込みからの脱却が図られ、上述、「資質・能力の向上を目指す授業の在り方への示唆」の検証、授業改善に直接的につながると考えられる。

4 これから求められる幼児期教育・学校像

求められる幼児期教育・学校教育の像について、先に示した論点整理や

審議まとめ（素案）を基に論じる。

　幼児期教育・学校とは、社会への準備段階であると同時に、幼児期教育、学校教育そのものが、子供や教職員、保護者、地域の人々などから構成される一つの社会でもある。子供たちは、幼児期教育、学校教育も含めた社会の中で、生まれ育った環境に関わらず、障害の有無に関わらず、多様な背景、様々な人々と関わりながら学ぶ。その学びを通じて、学びを深くするとともに、自分の存在が認められることや、自分の活動によって何かを変えたり、社会をよりよくしたりできることなどの実感を持つことができる。そうした実感は、子供たちにとって、人間一人一人の活動が身近な地域や社会生活に影響を与えるという認識につながる。このような経験を積み重ねることにより、地球規模の問題にも関わり、持続可能な社会づくりを担っていく意欲を持つようになることが期待できる。幼児期教育、

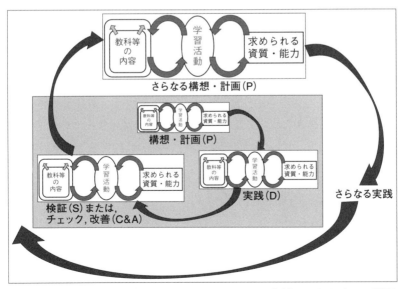

図1-10　つながりを基盤にしたカルキュラム・マネジメントのイメージ図

学校教育はこのようにして、社会的意識や積極性を持った子供たちを育成する場といえるのである。すなわち、子供が、幼児期教育、学校教育とともに身近な地域を含めた社会とのつながりの中で学び、自らの人生や社会をよりよく変えていくことができるという実感を持つことが、未来に向けて進む希望と力を与えることにつながるのである。

5　まとめ

資質・能力の育成に向けては、プログラム型の学び（学校教育においても時間とともに終了するような学び）から脱却し、プロジェクト型の学び（学習者が対話しながら多様な考えを比較し、協働的に取り組む過程が含まれるような学び）への転換が必要である。プロジェクト型の学びは、カリキュラム・マネジメントの意識に基づき、教師に対しても子供に対しても常に検証、改善が求められると考えられる。また、このような学びにおいては、学びの文脈がカギを握る。そのためにも学ぶ価値のある文脈と内容との結びつきが重要であり、これは相互に深くかかわり合うものでなければならない。すなわち、これから求められる資質・能力の育成のために、学習内容を組み入れた文脈を用いてアクティブ・ラーニングでつなぐことが重要である。また、意味のあるアクティブ・ラーニングを進めるには、具体的な学習場面で生きて働く機能を持つ「すべ・手立て」で示したような思考を促す動詞の活用を意識することが学びを深めることになる。さらに、このような考えを生かし、改善を求め続ける参加型評価、学習としての評価である相互評価が有効であると考えられる。

（参考文献）

安彦忠彦（1987）「自己評価」，図書文化，p.75

東洋（2001）「子供の能力と教育評価」東大出版会

中央教育審議会（2014）『育成すべき資質・能力を踏まえた教育目標・内容と評価の在り方に関する検討会（諮問）』文部科学省

中央教育審議会（2016）『次期学習指導要領に向けたこれまでの審議のまとめ（報告）』文部科学省

中央教育審議会（2016）『幼稚園、小学校、中学校、高等学校及び特別支援学校の学習指導要領の改善及び必要な方策等について（答申）』文部科学省

後藤顕一（2013）「高等学校化学実験における自己評価の効果に関する研究—相互評価表を活用して—」『理科教育学研究』Vol.54，No.1，13-26.

後藤顕一（2014）「理科における問題（課題）解決の資質・能力，科学的な探究の能力とは何か」『理科の教育』，63（11），5-8，2014.

後藤顕一，松原憲治（2015）「主体的・協働的な学びを育成する理科授業研究の在り方に関する一考察：カリキュラムマネジメントに基づく理科授業研究モデルの構想」，『理科教育学研究』，56（1），日本理科教育学会，17-32.

北尾倫彦（2006）『図でわかる教職スキルアップシリーズ3　学びを引き出す学習評価』図書文化，74-79.

飯田寛志・後藤顕一（2015）「高等学校における相互評価表を用いた理科授業の実践とその検討—学習への取組意欲の高まりに着目して—」『理科教育学研究』Vol.56，No.3，285-297.

小林辰至（2012）「プロセス・スキルズの観点から見た観察・実験などの類型化（2）小学校理科教科書に掲載されている観察・実験などについて」『理科教育学研究』，52（3），pp.179-190.

国立教育政策研究所（2014）『資質や能力の包括的育成に向けた教育課程の基準

の原理』（教育課程の編成に関する基礎的研究 報告書7）．国立教育政策研究所

国立教育政策研究所『資質・能力を育成する教育課程の在り方に関する研究報告書1』2015

松尾知明（2014）「教育課程・方法論　コンピテンシーを育てる授業デザイン」学文社．p.171

源由理子（2007）「参加型評価の理論と実践」，三好皓一『評価論を学ぶ人のために』，世界文化社，95-112.

三好皓一・田中弥生（2001）「参加型評価の将来性―参加型評価の概念と実践についての一考察」，『日本評価研究』Vol.1，No.1

文部科学省（2009）『高等学校学習指導要領解説理数編』，実教出版，p.123.

文部科学省（2010）「児童生徒の学習評価の在り方について（報告）」中央教育審議会初等中等教育分科会教育課程部会

文部科学省（2015）『育成すべき資質・能力を踏まえた教育目標・内容と評価の在り方に関する検討会―論点整理―』文部科学省初等中等教育局教育課程課

文部科学省（2016）中央教育審議会初等中等教育分科会教育課程部会　第7回　総則・評価特別部会　資料3-1

田中耕治，（2015）「戦後教育評価史に関する覚書」京都大学

源由理子（2007）「参加型評価の理論と実践」，三好皓一『評価論を学ぶ人のために』，世界文化社，95-112

米原あき（2015）『ESDへのプログラム評価の導入』「日本／ユネスコパートナーシップ事業」ESDの教育効果（評価）に関する調査研究　公開シンポジウム「学校を中心としたESDの教育評価のありかた」資料

第二章 「幼児教育」における21世紀型教育と科学性の芽生え育成

はじめに

　近年、世界の教育改革の動向を鑑みたとき、断片的な知識や技能の習得を目的とするのではなく、人間の全体的な能力の育成を重視する動きが広がっている。人間の全体的な能力をコンピテンシー（competency）という言葉で捉え、その定義に基づいて目標を設定し、教育政策を設計する動きが世界的な潮流となっている。我が国の教育改革でも、その傾向は着実に推し進められており、新学習指導要領の全体像（図2-1）でも、保育や幼児教育が確かな基盤を成し子どもの教育が組み立てられ、社会における望ましい活躍が期待されている。

　今こそ、日本の子どもたちの教育を明るい未来に向け、勇気を以って雄々しく大胆に動かし出す時なのである！

1　子どもにとっての環境とは？

　さて、子どもを取り巻く環境は、どの時代も教育の基をなすものである。そこで、子どもにとっての環境についてまず考えてみよう。子どもたちが受け止めている環境は、大人たちとは違ったいくつかの大きな特徴があるといわれている。その一つは、幼い時期は生活圏が狭く小さいという

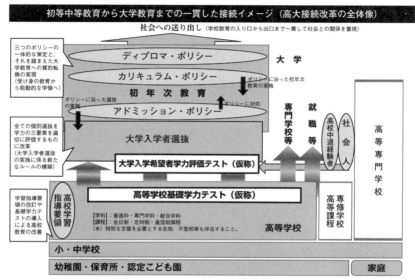

図2-1　保育・幼児教育から大学教育、そして社会活動までの構造図

ことである。そして、その成長と共に生活圏は徐々に拡がりを見せて行く。現行の幼稚園教育要領には、「幼児期の特性を踏まえ、環境を通して行う」とあり、この幼児期の特性を踏まえた「身近な…」といった表現が多く用いられている。さらに、身近な環境は社会環境と自然環境といった二つに大きく分けることができる。家族と過ごす「家庭」は子どもにとって生まれて初めての温もりある・居心地の良い・緩やかな・規制のある・小さく・身近な社会環境なのである。やがて、子どもたちはもう少し大きな社会環境である幼稚園や保育園やこども園といった「園」環境に関わるようになってゆく。ここでは、家庭のように自分の我がままや気ままな行動は集団生活といった枠で統制され、子どもたち一人ひとりが自律して生きてゆくのに必要な社会性があそびや生活の中で実体験を通し徐々に培われてゆく。家庭や園をも包み込む「地域社会」は、日常生活における家族

第二章 「幼児教育」における 21 世紀型教育と科学性の芽生え育成　35

との散歩や買い物、園への往復や園外保育といった様々な場面で活用され、子どもたちの成長や発達に貢献してゆく。

2　自然環境の重要性

　社会環境とともに自然環境の重要性は一般に知られており、「幼児期において自然のもつ意味は大きく、自然の大きさ、美しさ、不思議さなどに直接触れる体験を通して、幼児の心の安らぎ、豊かな感情、好奇心、思考力、表現力の基礎が培われる」と現行の幼稚園教育要領にも記されている。そして、身近な自然環境は、幼い時期の子どもたちの受け止め方のもう一つの特徴でもある五官（感）〈視覚・聴覚・嗅覚・味覚・触覚〉を多く活用して受け止めるといったことから、以下の 3 つに大別される。

　幼い時期の自然教育では、身近な自然環境を大きく 3 つの側面で捉えます。

(1)　動物・植物といった「いのちそのものの自然」：
　　　日常保育における、ダンゴムシ・ウサギ・タンポポ・サツマイモなどとのかかわり

(2)　地球で生きてゆく為に必要な空気・水・土・熱・光など「いのちを支える自然」：
　　　日常保育における、砂遊び・水遊びなどに代表される自然物とのかかわり

(3)　自然現象や自然科学といった身近な環境で起こる「自然の働き」：
　　　日常保育における、季節の変化を楽しむことや科学遊びに代表される不思議でおもしろい自然の現象とのかかわり

　このように身近な自然と仲良くかかわりつつ幼い時期の子どもたちは成

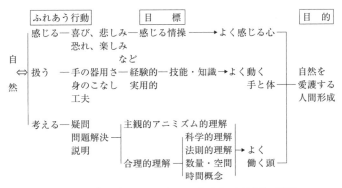

図2-2 自然とのかかわりで育まれる目標・目的

長や発達をしてゆくのであるが、永年幼児教育における子どもと自然のかかわりを研究・実践し「幼児の自然教育論」を著している山内昭道（東京家政大学名誉教授）は、自然を感じる・自然を生活や遊びに使う・自然について考えるといった3つの流れを自然教育で位置付けている。これらは、バラバラなものではなく・つながったり・合わさったりしながら、自然を感じ・自然を扱い・自然を考えながら、子どもたちのよく感じる心・よく動く手とからだ・よくはたらく頭を育み、やがて「自然を愛護する人間」を形成してゆく（図2-2）。

3　センス・オブ・ワンダーと原体験

こうした自然とのかかわりの根源的な事柄を端的に示している〈言葉〉がある。それは、「もしもわたしが、すべての子どもの成長を見守る善良な妖精に話しかける力をもっているとしたら、世界中の子どもに、生涯消えることのない『センス・オブ・ワンダー＝神秘さや不思議さに目を見はる感性』を授けてほしいとたのむでしょう」といったもので、世界的な環

境の危機に警鐘を鳴らしたレイチェル・カースン女史の最後の著書にある重要な一節である。彼女が、最終的に到達した人類にとって身に付けるべき環境教育の目標は「感じる力」であった。自然教育と環境教育は、根本の部分で繋がっているのである。

このセンス・オブ・ワンダーでもある「感じる力」を子どもたちの成長や発達に確実に位置付けたのが、山田卓三（兵庫教育大学名誉教授）である。「生物やそのほかの自然物、あるいはそれらによって醸成される自然現象を触覚・嗅覚・味覚の基本感覚を伴う視覚・聴覚の五官（感）で知覚したもので、その後の事物・事象の認識に影響を及ぼす体験」といった原体験（Protoexperience）を提唱している。

本書のサブタイトルである「科学性の芽生えから問題解決能力育成へ」の基盤は、こうした「感じる力」を育む原体験にあることを確信する。

4 身近な自然を子どもたちと一緒に創り出すビオトープの教育効果

子どもたちの生活する場に身近な自然環境を積極的に創り出し保育や教育に活用するビオトープ（あるひとかたまりの生き物の生息空間）は、大きな可能性を秘めたものである。著者は、このビオトープに着目し、幼児教育の場で子ども達に育まれるものを実践研究した。その結果、日常保育で子どもたちが身近な自然環境と頻繁にじっくりと関わることによって、安心する（心の癒し）・やる気を出す（意欲の向上）・自信をもつ（自立する心）・他を思いやる（自然を大切にする）・工夫発見する（科学の芽）といった力が育まれることが分かった（図 2-3）。

このことは、自然とのかかわりを核にした成長や発達が、人間関係や社

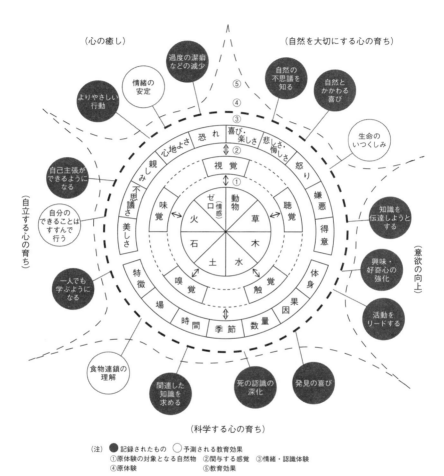

図2-3 ビオトープにおける幼児の原体験と教育効果の構造図

会性なども含んだ「全人格的な成長や発達」へと進行することへの証なのである。まさに、最初に述べた〈人間の全体的な能力をコンピテンシー（competency）という言葉で捉え、その定義に基づいて目標を設定し、教育政策を設計する動きが世界的な潮流〉といったこととピタリと重なるの

第二章 「幼児教育」における 21 世紀型教育と科学性の芽生え育成　39

である。

5　次の時代を切り拓く新学習指導要領と 21 世紀型教育の可能性

　身近な自然と関わることによる「全人格的な成長や発達」は、さらに新学習指導要領の目指す幼児期の終わりまでに育ってほしい姿として以下の10項目「健康な心と体・自立心・協同性・道徳性．規範意識の芽生え・社会生活との関わり・思考力の芽生え・自然との関わり，生命尊重・数量、図 2- 形、文字などへの関心、感覚・言葉による伝え合い・豊かな感性と表現」として捉えられている。そして、こうした 10 項目の保育展開は 5領域を踏まえつつ、それぞれの項目が個別に取り出されて教育されるものではなく、環境を通した幼児の自発的な活動としての〈遊び〉を通してこれらの姿が育まれることが望まれているのである（図 2-4）。

　また、環境を通して行う教育としての幼児教育は「知識・技能の基礎」「思考力・判断力・表現力等の基礎」「学びに向かう力・人間性等」といった『幼児教育において育みたい資質・能力』として示され、小学校以上の教育において「知識・技能」「思考力・判断力・表現力等」「学びに向かう力・人間性等」として発展してゆくのである（図 2-5）。

　また、環境を通して行う教育としての幼児教育は「知識・技能の基礎」「思考力・判断力・表現力等の基礎」「学びに向かう力・人間性等」といった『幼児教育において育みたい資質・能力』として示され、小学校以上の教育において「知識・技能」「思考力・判断力・表現力等」「学びに向かう力・人間性等」として発展してゆくのである。

　我が国の子どもの教育においてこの全人格的な成長や発達を目指すと

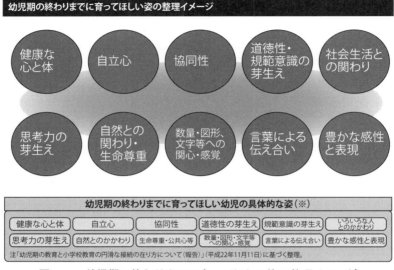

図2-4　幼児期に終わりまでに育ってほしい姿の整理イメージ

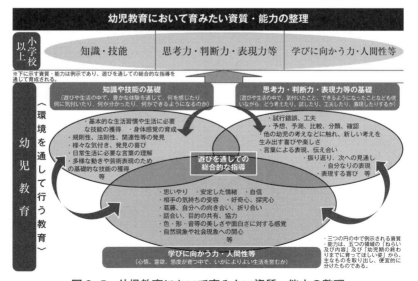

図2-5　幼児教育において育みたい資質・能力の整理

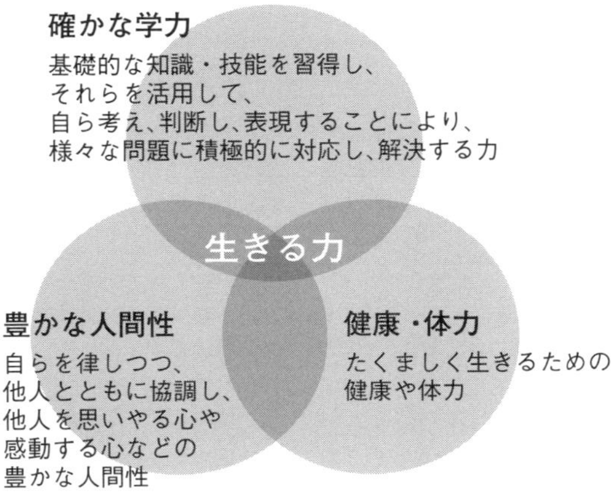

第二章 「幼児教育」における21世紀型教育と科学性の芽生え育成　41

確かな学力
基礎的な知識・技能を習得し、
それらを活用して、
自ら考え、判断し、表現することにより、
様々な問題に積極的に対応し、解決する力

生きる力

豊かな人間性
自らを律しつつ、
他人とともに協調し、
他人を思いやる心や
感動する心などの
豊かな人間性

健康・体力
たくましく生きるための
健康や体力

図2-6　生きる力

き、文部科学省が示す「生きる力」（図2-6）を達成し、さらに次の時代を切り開くための人材を育成する「学習指導要領改訂の方向性」（図2-7）を繋ぐことが必要となる。そこに国立教育政策研究所の提唱する「21世紀型教育」（図2-8・表2-1）の可能性が期待されているのである。

　新学習指導要領改訂（幼児教育・平成30年度、小学校教育・平成32年度、中学校教育・平成33年度、高等学校教育・平成34年度実施予定）を擁して、保育・幼児教育から高等学校までを継続発展的に学校段階間や教科等の相互連携を促し、初等中等教育の総体的且つ健やかな育ちの姿を目指す我が国の教育。

　これは、激変する自然環境・社会環境において、身近な自然とのかかわりに基づく『科学性の芽生えから問題解決能力の育成』そのものなのである。さらに、生きる力の育成の基盤となる〈知識や技能〉〈思考力・判断力・表現力等〉〈学びに向かう力・人間力等〉という『資質・能力の三つの柱』の健やかな育成へと連なることである。

図2-7　学習指導要領改訂の方向性

図2-8　21世紀型能力の構造図（国立教育政策研究所）

第二章 「幼児教育」における 21 世紀型教育と科学性の芽生え育成　　43

表 2-1　21 世紀型能力の構造内容表（国立教育政策研究所）

	求められる力（イメージ）	構成要素
未来を創る（実践力）	生活や社会、環境の中に問題を見出し、多様な他者と関係を築きながら答えを導き、自分の人生と社会を切り開いて、健やかで豊かな未来を創る力	自律的活動
		関係形成
		持続可能な社会づくり
深く考える（思考力）	一人一人が自分の考えを持って他者と対話し、考えを比較吟味して統合し、より良い答え知識を創り出す力、更に次の問いを見付け、学び続ける力	問題解決・発見
		論理的・批判的・創造的思考
		メタ認知・学び方の学び
道具や身体を使う（基礎力）	言葉や数量、情報などの記号や自らの身体を用いて、世界を理解し、表現する力	言葉・数量
		情報（デジタル・絵・形・音等）

　これらのことを実現するには『21 世紀型教育』を活用する幼児教育・小学校教育・中学校教育の見通しある教育展開が是非とも必要なのであり、こうしたことの先にある 20〜30 年後の輝ける日本の未来、さらには世界の国々の繁栄に繋がるような我が国の保育・教育展開こそが、今、将に必要とされているのである！

（参考文献）

文部科学省「幼稚園教育要領」チャイルド本社、1998 年

山内昭道著「幼児の自然教育論」明治図 2- 書、1981 年

レイチェル・カーソン著（上遠恵子訳）「センス・オブ・ワンダー」新潮社、
　　1996 年

山田卓三著「生物学からみた子育て」裳華房、1993 年

大澤力「幼児の発達を促す望ましい自然体験に関する一考察 ―ビオトープを中心とした教育効果の構造的把握による検討―」「理科教育学研究」第 47 巻第 2 号 13 ― 20 頁、2006 年

岩田力・大澤力編著「子ども学総論―子どもに生きる・子どもと創る！―」日本小児医事出版社、2015 年

大澤力編著・谷田貝公昭監修「実践 保育内容シリーズ 3 環境」一藝社、2015 年

小林辰至「理科教育基礎特別研究・増補改訂版」兵庫教育大学大学院連合学校教育学研究科、2016 年

大澤力「幼小中における持続可能性教育の実践的研究：科学性の芽生えから課題解決能力育成へ」平成 25 年度採択〈平成 26，27，28 年度実施〉文部科学省科学研究費補助金対象研究：基盤研究（C）（一般）25350265 研究報告書、東京家政大学、2016 年

第三章　小学校・中学校教育における新学習指導要領と 21 世紀型教育の核心

1　小学校「生活科」：体験と表現の相互作用の充実と育成が期待される資質・能力

(1)　プロセスの充実こそが求められる 21 世紀型教育

　21 世紀の社会は変化の激しい社会である。そうした社会に対応していくには、変化する社会を予想し、変化した社会に適応できる人材の育成を目指すだけではなく、自らが社会を創造していく主体となるべく成長していく人材こそが求められる。

　そのような人材には、おそらく次のような姿が求められるのではないだろうか。

　　○多様な意見を広く受け入れる姿

　　○自ら関わろうと積極的に交流する姿

　　○様々な立場の人と力を合わせて成し遂げる姿

　　○物事に誠実に真面目に取り組む姿

　　○落ち着いて継続的に行動する姿

　こうした姿は、たくさんの知識を受身で一方的に受け入れる教育を行っていても育まれるとは考えにくい。実社会や実生活における課題の解決や思いや願いの実現に向けて、異なる多様な他者と力を合わせて、粘り強く、根気強く取り組み続けることが大切になる。

そうした真剣で、本気の学びでこそ、先に示された姿が繰り返し生まれ、積み重ねられていく。そうした姿の繰り返しや積み重ねこそが、新しい時代に対応できると共に、新しい時代を切り拓いていく資質・能力を身に付けた人材として子供が育っていくことになるのであろう。私たちが期待する人材は、確かな知識や技能を足場としながら、それらを存分に活用したり発揮したりすることのできる力をもっている。しかも、生きて働く知識・技能、活用・発揮できる力は、常に自分自身や社会の豊かな成長に向けて安定的に働き、活用・発揮されるものであり、それらは自分自身の能力の開花と豊かな社会の創造にも連続的につながっていくはずである。

　このように考えてみると、21世紀の社会を担う人材を育成する21世紀型の教育は、かつてのチョーク＆トークの授業にみられるエンドゾーンを重視した授業ではないことが容易に想像できる。21世紀型の教育では、学びの過程を大切にしたプロセス重視の教育こそが求められるのだろう。その学びのプロセスには、異なる多様な他者とのインタラクション（相互作用）や、自らの学びを丁寧に意味付け価値付けていくリフレクション（振り返り）などが適切に位置付けられることにより、一層充実していくのであろう。

　平成元年の学習指導要領の改訂で低学年の1・2年生に新設された生活科は、まさに、日常の暮らしや社会生活において生かされ、役立つ資質・能力を育成すべく生まれたと考えることができる。本論考では、生活科におけるプロセス、そして、その過程で育成される資質・能力などを検討していく。そして、そうした資質・能力の育成が科学性の芽生えや問題解決能力へとつながっていくことについて考えていきたい。

（2）　生活科における学びのプロセス

　生活科における資質・能力を育むプロセス（学習過程）は、「やってみたい、してみたいと自分の思いや願いを持ち、そのための具体的な活動や体験を行い、直接対象と関わる中で感じたり考えたりしたことを表現したり、行為したりしていくプロセス」と考えることができる。このプロセスの中で、体験活動と表現活動とが繰り返されることで子供の学びの質を高めていくことが重要である。もちろんこうしたプロセスはそれぞれの学習活動がいつも同じように繰り返されるわけではなく、活動が入れ替わったり、一体的に行われたり、行きつ戻りつしたりするものである。

　こうした一人一人の子供の思いや願いを実現していく一連の学習活動を行うことにより、子供の自発性が発揮され、一人一人の子供が能動的に活動するようにすることが重要である。体験活動は子供の興味や関心を喚起し、熱中したり没頭したりする姿へと向かうことが期待できる。こうして子供は身近な環境に直接働きかけたり、働き返されたりしながら対象との双方向のやり取りを繰り返し、活動や体験の楽しさを実感していく。

　このような直接的に対象と関わる体験活動が重視されるだけではなく、それを伝えたり、交流したり、振り返ったりする表現活動が適切に位置付けられることも大切になる。そうした学習活動が連続的・発展的に繰り返されることにより、育成を目指す資質・能力として期待される子供の姿が繰り返し表れ、積み重なっていく。こうした一連の学習活動を通して資質・能力は確かになっていく。

　プロセスの中で子供は、比較したり、分類したり、関連付けたりなどして事物や現象を解釈し把握するとともに、繰り返し試したり、先々のことを予測したり、あれこれと工夫したりなどして新たな活動や行動を創り出していく。そのことを通して、自分自身や自分の生活を豊かにしようと考

えるとともに、無自覚な気付きを自覚したり、個別的な気付きが関係的な気付きへと高まったりするなど、気付きの質を高めることも期待できる。

また、熱中し没頭したこと、発見や成功したときの喜びなどは表現への意欲となり、他者に伝えたり、交流したり、振り返って捉え直したりして表現する活動を行うことにつながる。そこでは、自分の学習活動に対する充実感、達成感、自己有用感、一体感などの手応えをつかむことになり、そのことが子供の安定的で持続的な学びに向かう力を育成していくと考えることができよう。

しかし、振り返ると言っても、次の点には気を付けたい。小学校に入学したばかりの低学年の時期においては、意識的に振り返りを行うというよりは、伝え合い表現する学習活動を行うこと自体が学びの振り返りになるという発想を持つことが必要になる。そうした発達の段階にあることに十分な配慮をしなければならない。表現すること自体を楽しく目的的な活動とすることがポイントと言えよう。

したがって、1年生における表現活動は、体験活動が子供にとって魅力的であると同じくらい表現活動も魅力的なものであることが欠かせない。そうでなければ、表現活動が教師によって無理矢理強いてさせる活動となってしまうおそれがある。

この表現活動において、子供は自らの体験活動を言語化し、自覚化していく。このことこそが、学びの自立へと向かう大切な一歩と考えることができる。活動や体験したことを言葉などによって表現したり振り返ったりすることで、豊かな体験から様々な気付きを得て学ぶことを実感したり、学びに向かう力を身に付けたりする極めて重要な経験をしていく。こうして子供は、自らの学びを自覚し、学習者としての自立を果たしていくのである。

第三章　小学校・中学校教育における新学習指導要領と 21 世紀型教育の核心　　49

（3）　プロセスで学ぶ子供の姿

　生活科は、具体的な活動や体験を行うことを教科の特質としてきた。そ
れは、低学年の発達特性を踏まえ、活動や体験を行うことによってこそ豊
かな学習が実現できると考えてきたからである。しかし、ただ単に活動や
体験だけをしていればよいというわけではない。先に記したように活動や
体験を確かな学習に仕立ててくためにも表現活動が欠かせない。自らの体
験を対象として伝えること、友達やクラスメートと意見交換をすること、
学習の足跡を振り返ることなどの表現活動が大切になる。これまでと同様
に思いや願いを実現する体験活動を充実させるだけではなく、表現活動を
工夫し、体験活動と表現活動とが豊かに行きつ戻りつする相互作用を意識
することが求められる。そこには、次のような子供の姿が表れる。

1)　伝える活動

　一人一人の子供が、異なる夏野菜を栽培してきた学級では、毎日の水や
りや草取りなどの世話を繰り返すうちに、「ミニトマトもナスもキュウリ
も、どれもはながさいたところにみがなります。べつのやさいもみんなお
なじです。」「でも、つるがのびるのはキュウリだけです。」と実感のこも
った言葉で伝える姿が生まれてきた。子供は、それぞれの野菜の特徴を関
連付け、植物の斉一生や多様性に気付いていった。

　町探検で図書館に出かけた子供は、「としょかんは、とってもしずかで
した。あさいっても、おひるにいっても、おやすみのひにいってもしずか
でした。いつもしずかにほんをよむところです。としょかんにいったとき
は、わたしもしずかにほんをよみたいとおもいます。」と話し、公共施設
の機能や自分自身の行為に関心を向けていった

　子供は、他者に伝え表現することによって体験したことを対象とし、共
通点や差違に気付いたり、時間経過の中での変化や変わらないことを発見

したりしていく。これまでと同様に、言葉、絵、動作、劇化などの発達に応じた多様な方法で表現自体を楽しむとともに、気付いたことを基に考え、新たな気付きを生み出し気付きの質を高めることを大切にしたい。

2) 相互交流する活動

　ダイズを育ててきた子供の話合いの様子である。家のおじいちゃんに聞いてきたと言いながら「ダイズはさやのなかではおへそとおへそがくっついていて、おへそからえいようをもらっているんだって。」と発言する子供がいた。すると、「それなら、ダイズのおやはえで、ダイズがそのこどもだね。」と他の子供の発言が続いた。最後には、「なんか、にんげんみたいだね。」と嬉しそうな発言が生まれた。こうして子供は、生命のつながりを対話しながら明らかにしていった。

　熱中し没頭したこと、発見したことや成功したことは表現への意欲となり、自他を認める積極的な交流活動につながる。学級の友達との意見交換では、異なる情報が豊富に手に入る。そこでは、他者からの新しい情報に触発されて、次の発言や行動を積極的にしようとする姿が生まれる。こうして子供は、身の回りの様々な事象を比較したり、分類したり、関連付けたりして自分の考えを広げ深めていく。また、新たな活動を生み出していく。

3) 振り返る活動

　振り返りの活動として、これまでも言葉などによる表現活動が位置付けられてきた。活動や体験したことを言葉などによって振り返ることで、無自覚な気付きが自覚的になったり、一つ一つの気付きが関連付いたりするからである。それらに加えて、振り返ることで自分自身の成長や変容について考え、自分自身についてのイメージを深め、自分のよさや可能性に気付いていくことも大切なことである。

第三章　小学校・中学校教育における新学習指導要領と21世紀型教育の核心　　51

　野菜栽培を継続する中で、「まいにちアサガオのおせわをしたので、アサガオが大きくなりました。アサガオといっしょにわたしも大きくなりました。」と、植物に対する気付きから自分自身の成長や変容に気付く子供がいた。また、互いの成長に関するカードを交換する中で、自らの成長を振り返り、「ともだちメッセージをおくりあいました。もらったとき、わたしってすごいんだなーっておもいました。それをよんだらうれしいきもちになりました。あげたときみんなよろこびました。うれしかったです。みんな「ありがとう」っていってくれました。よんだらこころがふわふわになって、こころがぽかぽかになりました。ぽかぽかになってうれしかったです。よんだら、わたしって、すごいんだなっておもいました。」と、子供は文章をまとめた。

　働きかける対象への気付きだけではなく、そこに映し出される自分自身への気付きや、自分自身の成長に気付くことなどが、自分はさらに成長していけるという期待や意欲を高めることにつながる。それは、振り返ることによって、学習活動の手応えを得ることと関係が深い。一人一人の子供が、自らの学習に対して手応えを得てポジティブな感情を持つことが大切になる。一般的には、好奇心、自立欲求、向社会的欲求などの動機付けによって子供の活動は始まる。その活動を行った結果として、先に示したポジティブな感情を伴う手応え感覚を獲得することが、次の子供の活動を生み出すと考えることができる。こうした好ましいサイクルの連続こそが、思いや願いを実現したり問題を解決したりしようとする「学びに向かう力」を育成するものとして大いに期待することができる。

(4)　プロセスで育成される資質・能力

ここまで記してきた生活科における学びのプロセスとそこで子供が学ぶ

姿こそ、生活科で育成を目指す資質・能力の具体的な姿と考えることができる。先に記した姿を基に、「知識・技能」「思考力・判断力・表現力等」「学びに向かう力・人間性等」の三つの柱として整理すると、次のように考えることができる。

1) **生活の中で、豊かな体験を通じて、何を感じたり、何に気付いたり、何がわかったり、何ができるようになるのか（知識や技能の基礎）**
・具体的な活動や体験を通して獲得する自分自身、社会事象、自然事象に関する個別的な気付きや関係的な気付き
・具体的な活動や体験を通して身に付ける習慣や技能

など

2) **生活の中で、気付いたこと、できるようになったことなどを使って、どう考えたり、試したり、工夫したり、表現したりするか（思考力・判断力・表現力等の基礎）**
・身体を通して関わり、対象に直接働きかける力
・比較したり、分類したり、関連付けたり、視点を変えたりして対象を捉える力
・違いに気付いたり、よさを生かしたりして他者と関わり合う力
・試したり、見立てたり、予測したり、工夫したりして創り出す力
・伝えたり、交流したり、振り返ったりして表現する力

など

3) **どのような心情、意欲、態度などを育み、よりよい生活を営むか（学びびに向かう力、人間性等）**
・身近な人々や地域に関わり、集団や社会の一員として適切に行動しようとする態度
・身近な自然と関わり、自然を大切にしたり、遊びや生活を豊かにしたり

第三章　小学校・中学校教育における新学習指導要領と21世紀型教育の核心　53

しようとする態度
・自分のよさや可能性を生かして、意欲と自信を持って学んだり生活したりしようとする態度

　　　　　　　　　　　　　　　　　　　　　　　　　　　　　　など

　(2)に示した学びのプロセスを前提として、どのような資質・能力が育成されるかを、(3)の子供の姿などを参考にして整理してきた。その際、生活科の特質を踏まえつつ、幼児教育とのつながりや、小学校低学年における他教科及び中学年以降の理科、社会、総合的な学習の時間を含めた各教科等における学習との関係も意識することが大切になる。それらをまとめて整理したのが次の図である。

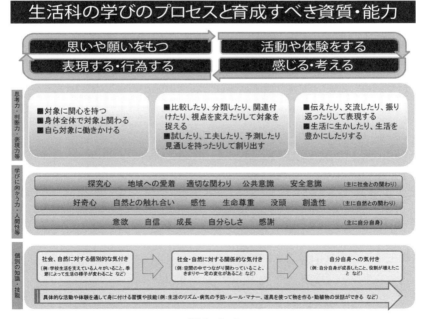

図3−1−1

54

(5) 育成されることが期待される資質・能力と科学性の芽生え、問題解決能力

　生活科では、思いや願いを実現するプロセスが充実していく中で、気付きの質を高めていく。一つ一つが個別な気付きが、つながりあって関連している関係的な気付きへと高まることが期待される。先に記した具体的な子供の姿の中にも、そうしたイメージを持つことのできるものが含まれていた。それらを整理し生活科の学習とつなげて考えならば、関係的な気付きとして、例えば次のようなものを挙げることができよう。

■主に自然事象に関するもの
○自然事象の斉一性（同じ性質や変化がある）
　　　　　　　　　　：日々の成長や変化、種を残して枯れる
○自然事象の多様性（様々な違いがある）
　　　　　　　　　　：葉や花の違い、すみかや体のつくりの違い
○自然や身の回りのものにおける因果性（原因と結果がある）
　　　　　　　　　　：風の強さと速さ、軸の位置と独楽の回転
○季節や気候の変化や自然の循環性（時間の変化や繰り返しがある）
　　　　　　　　　　：季節や暮らしの変化
○自然の規則性（きまりや一定の変化がある）
　　　　　　　　　　：光、力、空気、ゴム
○自然現象や科学的事象の神秘性（美しさ、驚きがある）
　　　　　　　　　　：アサガオの色水、水、雪、氷
　　　　　　　　　　　　　　　　　　　　　　　　　　　　　など

■主に社会事象に関するもの
○社会事象の空間性（空間の中でつながり関わり合っている）
　　　　　　　　　　：学校探検、地域探検
○社会事象の時間性（時間と共に変化しつながってる）

第三章　小学校・中学校教育における新学習指導要領と 21 世紀型教育の核心　　55

```
　　　　　　　　　　　　　　　　　：季節と生活、地域の行事
○社会事象の関係性（役割や機能があり関係し合っている）
　　　　　　　　　　　　　　　　　：学校、家庭、地域
○社会事象の公共性（みんなの物や場所がある）
　　　　　　　　　　　　　　　　　：公共施設、公園
○社会事象の創造性（暮らしや仕組みはつくりかえられる）
　　　　　　　　　　　　　　　　　：地域の行事、遊び
　　　　　　　　　　　　　　　　　　　　　　　　　　など
```

　また、プロセスの中では、対象に関わるだけではなく、思考が働き対象を捉え、思考することによって創造性を発揮していく。そこでは、他者との関わりを頻繁に繰り返し、自らの思いを表現したり他者に伝えたりしていく。このプロセスで発揮される資質・能力こそが先に示した力であり、それぞれは生活科における次のような学習活動において発揮されるものと考えられる。

```
○感じ、考え、気付くなどの身体を通して直接働きかける力
　　：見る、聞く、触れる、作る、探す、育てる、遊ぶ
　　　　　　　　　　　　　　　　　　　　　などの学習活動
○比較・分類・関連付け・視点移動などの分析的思考力
　　：見付ける・比べる・たとえる・立場を変える、選ぶ、見分ける
　　　　　　　　　　　　　　　　　　　　　などの学習活動
○違いに気付いたり、よさを生かしたりして他者と関わり合う力
　　：話し合う、力を合わせる、協働するなどの学習活動
○工夫、試行、見通し、予測などの創造的思考力
　　：特徴を生かす、試行錯誤する、計画を立てる、生活に生かす
　　　　　　　　　　　　　　　　　　　　　などの学習活動
○伝える、相互交流する・振り返るなどの表現力
```

> ：言葉・絵・動作・劇化などの学習活動

　ここまで記してきた関係的な気付きやプロセスで発揮される力は、まさ
に科学性の芽生えであり、問題解決能力の育成につながるものと考えるこ
とができよう。

　思いや願いを実現するプロセスを重視し、そこでの体験活動と表現活動
との相互作用を十分に意識した実践が行われることにより、まさに科学性
の芽生えと問題解決能力とに着実につながることが想像できる。

(6)　生活科における授業のポイント

　(4)で示した実践を実現するためには、どのような点に配慮しなければ
ならないのだろうか。活動や体験、環境構成、板書や言葉がけにおける留
意事項を示しながら、生活科の授業づくりついて考えてみる。

1)　活動や体験における留意事項

　生活科において、具体的な活動や体験を行うことは、教科目標の冒頭に
も示されているように、何よりも重視すべきことだ。子供が、体全体で身
近な対象に直接働きかける創造的な行為が行われるようにしなければなら
ない。ここで言う具体的な活動や体験とは、例えば、見る、聞く、触れ
る、作る、探す、育てる、遊ぶなどして直接働きかける学習活動であり、
そうした活動の楽しさやそこで気付いたことなどを言葉、絵、動作、劇化
などの方法によって表現する学習活動のことを示している。

ア　試行錯誤や繰り返しを重視する

　活動や体験は、単発ではなく、何度も何度も繰り返し行ったり、改善に
向けて試行錯誤したりしていくことが大切である。そうすることで、事象
との関わりは深まり、かけがえのない存在になっていくからだ。毎日継続

第三章　小学校・中学校教育における新学習指導要領と21世紀型教育の核心　57

して行ったり、条件を変えて再試行したりできる活動を用意したい。

イ　多様性を保障する

　生活科では、子供一人一人の思いや願いを大切にすることが重要である。そして、それぞれの思いや願いに寄り添うことは、学習活動が多様に広がることにつながる。したがって、教師は活動の多様性を好ましいものとしてとらえ、それを生かしながら豊かな学習活動へと高めていくことを意識したい。

2)　環境構成における留意事項

　学習環境を整えることによって子供の学習活動を支える考え方は、環境を通して学ぶことを大切している幼児教育に学ぶことがたくさんある。一人一人の子供の思いや願いを重視し、自ら自発的に活動を行うようにするには、子供の関心はどこにあるのか、子供は何を実現したいのかなどを、予めとらえておくことが欠かせない。そのとらえをもとに、時間、空間、人間などの子供を取り巻く学習環境を適確に構成することが大切である。

ア　空間環境の構成を意識する

　学習環境を構成する際には、空間をどのように構成するかが考えられる。場所はどこで行うか、広さは適切であるか、子供の動線に合った配置やレイアウトになっているか、材料や道具は適切かなどについて十分な配慮をしていくことが欠かせない。環境構成によって、子供の自発的な活動が生み出される。

イ　時間環境の構成を意識する

　学習環境を構成する際には、時間をどのように構成するかが考えられる。どの時刻に行うか、時間は十分に確保されているか、一人一人の活動時間の違いへの対応は為されているかなどについて十分な配慮をしていくことが欠かせない。時間は目に見えにくい環境構成の要素だが、活動の正

否を左右する重要なものである。

3）　板書や言葉がけにおける留意事項

　生活科では、板書を行う授業とそうでない授業が考えられ、他の教科と比べて板書を行う機会は比較的少ないように思う。それは、具体的な活動や体験をすることが第一に考えられ、そうした授業では板書などを行う必要が少ないからかもしれない。しかし、全く板書がいらないわけではない。必要に応じて板書を工夫することは、もちろん重要な教師の仕事である。

　低学年であることを考えると、文字を少なくし、絵やイラスト、写真やマークなどを工夫して板書を構成することが大切になる。黒板全体から次の学習活動のイメージを豊かに広げたり、振り返りながら新たなことに気付いたりするような構成に配慮したい。

　一方、実際の活動中には、子供一人一人への対応を言葉がけによって行い、子供の学習活動の促進を図っていくことを大切にしたい。子供の活動に対して「いいね。すごいね。なるほどね。」と共感的に受け入れるとともに、その活動を意味付けたり、価値付けたり、方向付けたりする言葉がけを工夫したい。

ア　子供のイメージを広げる

　板書や言葉がけによって、次の学習活動のイメージを広げ、明らかにしていくことができる。そのためには、文字だけではなく図や絵、写真や映像などを使って板書を構成したり、子供の活動の方向付けをする言葉がけが大切になる。

イ　子供が体験を振り返る

　板書や言葉がけによって、これまでの学習活動を振り返ることになり、新たな発見や気付きを生み出すことができる。そのためにも、子供の発言

第三章　小学校・中学校教育における新学習指導要領と 21 世紀型教育の核心　　59

やつぶやきを構造的に示したり、子供の活動を意味付けたり価値付けたりする言葉がけが大切になる。

（7）　科学性の芽生えと問題解決能力につなぐ体験活動と表現活動

　ここまで生活科の学びのプロセス、実際に学ぶ子供の姿、育成を目指す資質・能力を示し、それらが、科学性の芽生えや問題解決能力につながることについて考えてきた。それは体験活動と表現活動を生かしたプロセスの充実によるものであり、プロセスの充実は、インタラクションやリフレクションによることも確認してきた。さらには、具体的な授業の際のポイントも示してきた。

　生活科は、身の回りの人々や社会、自然と関わりながら、思いや願いを実現していく教科である。その過程において、社会や自然の仕組みを自ら捉え、自分自身のものとしていく姿が生まれる。こうした姿こそが科学性の芽生えであり、問題解決能力を発揮していく姿と考えることができよう。そのためにも、対象と直接関わる体験活動と、それを対象化し自覚化する言葉を使った表現活動が重要になってくるのである。

（参考文献）

・「審議のまとめ」中央教育審議会教育課程部会，平成 28 年 8 月

・「新教科誕生の軌跡」東洋館出版，平 26 年 6 月

・「アクティブ・ラーニングについて考える」東洋館出版，平成 28 年 8 月

2 小学校「理科」：原体験を基盤として問題解決の能力を育むための視点

はじめに

　2016年12月21日に行われた中央教育審議会において、2020年から始まる予定の次期学習指導要領等の改善及び必要な方策等（答申）が示された。その中で、小学校の理科で育成する問題解決の能力の例が次のように示された。第3学年では差異点や共通点に気付き問題を見いだす力、第4学年では既習事項や生活経験を基に根拠のある予想や仮説を発想する力、第5学年では質的変化や量的変化、時間的変化に着目して解決の方法を発想する力、第6学年では要因や規則性、関係を多面的に分析して考察し、より妥当な考えをつくりだす力である。そして、これらの力を育成する学習活動を充実すると記されている。このことから、次期学習指導要領の小学校理科では、現行の学習指導要領よりも一層、資質・能力の育成が求められるようになるものと考えられる。

　そこで本節では、第3学年の問題を見いだす力と第4学年の予想や仮説を発想する力の育成に焦点化して、指導にあたっての考え方や具体的な手立てについて述べる。

（1）　科学の芽をどのように育てるか

　小学校低学年の子どもは、大人に比べると極めて好奇心が旺盛で感受性が豊かである。子どもがこの時期に「自然の不思議さ」を実感する教育的意義には計り知れないものがある。中谷宇吉郎は随筆「指導者としての寺田先生」の中で、学生のときに寺田寅彦から自然の事象について「ねえ君、不思議だと思いませんか」と語りかけられ、自然の事象の不思議さを

第三章　小学校・中学校教育における新学習指導要領と21世紀型教育の核心

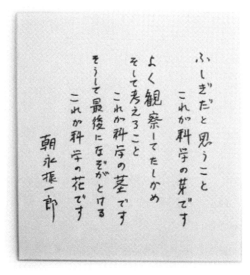

図3-2-1　朝永振一郎の色紙（京都市青少年科学センター）

自ら感じなければならないと深く印象に残ったと記している。ノーベル物理学賞を受賞した朝永振一郎も「自然の不思議さ」を感じることの大切さを述べている。氏が色紙に記した「不思議だと思うこと　これが科学の芽です　よく観察してたしかめ　そして考えること　これが科学の茎ですそうして最後になぞがとける　これが科学の花です」という言葉は有名である（図3-2-1）。自然の事物・現象を不思議だと感じ、なぜだろうという疑問が生じなければ、それを問題として解き明かす問題解決に入ることはできない。寺田も朝永もともに「不思議に思うこと」の大切さに触れている。ちなみに、朝永は大学を卒業して3年目の頃に、寺田が主任研究員をしていた理化学研究所（理研）に赴任している。当時の理研は、自由闊達な雰囲気であったことから、朝永と寺田の間に何らかの交流があったことは想像に難くない。

子どもに「自然の不思議さ」を実感させ「科学の芽」を育むためには、子どもの気付きの受けとめ方や共感が大切である。例えば、近くの公園にソメイヨシノが植えてあったとしよう。春には葉のない枝に満開の花が咲き、夏になると緑の葉を茂らせる。秋が深まり肌寒さを感じる頃になると、葉は紅葉し、やがて落ち葉となり、地上を覆う。再び日差しが次第に強くなり気温が上昇すると、寒さでちぢこまっていた芽が膨らみ、つぼみとなって、一斉に開花する。毎年繰り返される自然の営みである。ソメイヨシノは、どのようにして開花の時期を判断するのだろうか。考えてみれば不思議なことである。空を見上げれば、積雲が浮かんでいて、同じ方向に流れてゆくことに気付くだろう。積雲はなぜ同じ方向に動くのだろう。雲の形にこだわれば、それぞれの季節に特徴的な雲が浮かんでいることに気付くだろう（図3-2-2）。雲の形は、なぜ季節によって変わるのだろう。このように、ほんの少し自然の事象に目を向けるだけで、大人でも「自然の不思議さ」を感じることができる。「自然の不思議さ」を感じ取れる先生と子どもとの間の共感や言葉の往還によって「科学の芽」が育つのではないだろうか。

図3-2-2　秋の訪れを知らせる巻積雲（鰯雲）

（2）　人間の本性としての科学する態度

　科学する態度とはどのような態度をさすのだろうか。Science という語は、「知ること」を意味するラテン語に由来する。私たちを取り巻く自然は、不思議なことで満ちあふれており、太古の昔から私たちの知りたいという好奇心を刺激してきた。つまり、自然界の不思議なことや分からないことを知りたいと思うのは人間の本性である。

　このことを乳幼児の行動から考えてみる。乳児は手に取ることができる物は手当たり次第に口に入れ、物の性質を確かめようとする。少し大きくなると音の出るガラガラを動かし、発生する音を楽しんだりもする。やがて、立ち歩きが出来るようになったり自由に歩けるようになると、障子を破ったり物を壊したりする。手を障子にかけると紙が破れたり、物を投げると壊れたり音がすることを楽しんでいるように見える。乳幼児のこのような行動は、身の回りのことを知ろうとする好奇心にもとづく素朴な行動である。自分から働きかけて、対象物が変化することを確かめたり、手を振ることでガラガラの音が鳴ることを理解したりする行為は、「このようにすれば、このような結果が得られる」という科学的な問題解決のプロセスとよく似ている。

　科学は自然の事物・現象を探究の対象としている。この自然の事物・現象は変化する。科学する行為の第一歩は、変化する自然の事物・現象に影響を及ぼしている要因に気付くことである。ガラガラの例で考えると、変化しているのは音の大小である。音の大小に影響を及ぼしているのは、ガラガラを持った手の振り方の強さである。つまり、乳幼児は科学的な問題解決のプロセスに発展する行動様式を人間の本性として備えているのである。

　私たちも科学的な問題解決の過程と同様の行動を日常的に行っている。

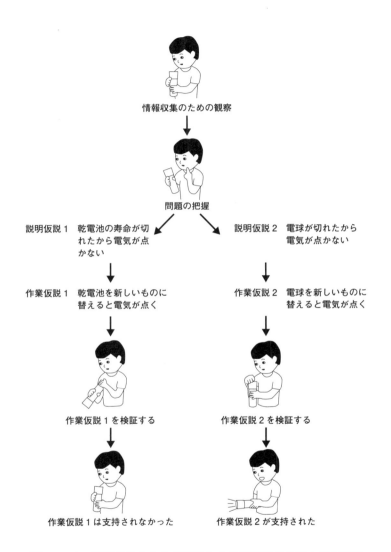

図3-2-3　情報収集のための観察から作業仮説の検証までの過程

　例えば、明かりの点かない懐中電灯の原因を確かめるときのことを考えてみよう（図3-2-3）。懐中電灯を久しぶりに使おうと思ってスイッチを入

第三章　小学校・中学校教育における新学習指導要領と21世紀型教育の核心　　65

れたところ点かなかったとする。これは懐中電灯の状態に関する情報収集のための「観察」である。「あれ、点かない。どうしてかな？」と思うと、これは「問題の把握」である。そして、原因は乾電池にあるのではないかと推測し、「乾電池の寿命が切れたから点かないのではないか。」と考えたとすると、これは説明仮説の発案である。さらに、この問題を解決するために「乾電池を新しいものに替えると電気が点く。」と考えたならば、検証可能な作業仮説を立てたことになる。そして、実際に新しい乾電池に交換して確かめたとするとこれは作業仮説を検証したことになる。もし、乾電池を新しいものに交換しても電気が点かなければ、作業仮説は支持されなかったことになる。別の原因の可能性として電球を思い付けば、説明仮説「電球が切れたから電気が点かない」を発案して、作業仮説「電球を新しいものに交換すると電気が点く」を立てることができる。そして、新しい電球に取り替えて電気が点けばこの作業仮説は支持されたということになる。このように、私たちは日常生活の中で説明仮説を発案して、作業仮説を立てて検証を行うという、科学的な問題解決のプロセスを無意識のうちに行っているのである。このように考えると、科学的に問題解決する態度というものは、決して難しいものではなく人間の本性として万人に与えられた能力と言えるのである。

（3）　子どもが抱いた「なぜ」という疑問の捉え方

　子どもは、自然に不思議さを感じると「なぜ」という疑問を抱く。理科学習における「なぜ」という問いは、何らかの説明を求めて発せられる。この「なぜ」という問いには原理・法則等で説明できるものや因果関係で説明できるものなどが混在しているので注意が必要である。最も注意を要する「なぜ」という問いは、存在の理由を問うものである。このような問

いは、科学的に説明することや実証が困難であることから、科学では扱えないことを理解しておく必要がある。例えば、「なぜ人類が存在するのだろう」という存在の理由を問う「なぜ」は、科学的には説明も実証もできない。しかし、「人類はどのようにして誕生したのだろう」という「問い」であれば、化石等を根拠にして類人猿からの進化の過程を体系的に説明できるであろう。近代科学の基礎を築いたニュートンは、万有引力の法則の発見で有名であるが、「なぜ引力が存在するのか」といった問いは、不問に付したと言われている。

　「なぜ」という問いのうち科学的な説明ができるものには、いくつかのタイプがある。一つめは「原因を挙げることで説明できる」タイプである。二つめは「原理・法則・規則性に当てはめて説明できるタイプ」である。三つめは「正体を述べることで説明できるタイプ」である。幼児期から中学生くらいの子どもを想定したときには、この三つのタイプで対応できると考えられる。一つ目の「原因を挙げることで説明できる」タイプの例としては、地震の発生などが挙げられる。「地震はなぜ起こるのだろう」という疑問に対して、太平洋プレートが日本列島を引っ張り込みながらマントルに沈み込み、その歪みを解消しようとして日本列島がもとに戻るときに揺れが生じ地震が起こると説明できる。これは、地殻にたまった歪みが原因となって地震が起こるという説明である。二つ目の「原理・法則・規則性に当てはめて説明できるタイプ」として「鉄の塊は沈むのに、鉄でできた船はなぜ浮かぶのか」を例に述べる。物体が水中で受ける浮力の大きさは、その物体が押しのけた水の質量と同じであるというアルキメデスの原理がある。この原理にあてはめると、同じ重さの鉄であっても船は薄く延ばされた鉄を貼り合わせて、塊であったときよりもはるかに大きな体積となり、水に入れたときに水中に没した水の体積に相当する大きさの浮

力を得ることになる。このような原理で水よりも重い鉄でできた船が浮かぶことを説明できる。三つめの「正体を述べることで説明できるタイプ」では、コップに水をあふれんばかりに入れたとき、コップの端よりも盛り上がってもこぼれないことがある。「水はなぜこぼれないのであろう」という問いは、水分子の構造と性質を述べることで説明になる。水分子は酸素原子一個と水素原子二個でできているが、二個の水素原子がやじろべえのようにある角度でくっついているため、電子の分布に偏りが生じて、分子の端が＋と―の電気を帯びている。無数の水分子同士が＋と―の電気で互いに引っ張り合うため、コップの端よりも高く盛り上がるという説明である。子どもが抱く「なぜ」という問いが科学的に説明できる三つのタイプのいずれであるのか、あるいは科学では取りあげることが困難な存在理由を問う「なぜ」なのかを見極めることが大切である。

　次に、子どもの「なぜ」という疑問や問いから、観察・実験で確かめる問題解決を行う場合について述べる。子どもは「なぜ＋事実＋だろう」というように定式化できる問題、たとえば「なぜ植物は成長するのだろうか。」という問題を考える傾向がある。この問題は科学的な手続きで検証することはできない。なぜならば、この「問題」には「植物は成長する」という事実とそれに影響をおよぼすと考えられる要因との関係が「問題」に組み込まれていないからである。科学的な「問題」にするためには、植物の成長とそれに影響をおよぼすと考えられる様々な要因との関わりを「問題」の中に組み込む必要があるのである。つまり、「なぜ」で始まる問いではなく、「何が植物の成長に作用するのか」や「どのように植物の成長に作用するのか」というように「何が」や「どのように」という問題につくりかえる必要があるのである。現代の主たる教育思潮は子ども中心主義である。われわれは、その教育思潮のもとで子どもなりに考えた「問

題」だからということで過度に尊重し、結果として検証可能な「問題」に
つくりかえていくための適切な指導・助言を放棄しているのではないだろ
うか。適切な指導・助言があれば、子どもがもっと自信をもって主体的に
問題解決に取り組めるはずなのに、子どもの発想が生かされていないとす
れば残念なことである。

　科学の目的の一つは、自然の事象がどのようなメカニズムで起こるのか
について、検証可能な問いを立てて実験で検証し、自然に関する新しい知
を発見することにある。したがって、科学における問題は、「いかに」
"how" で始まる問いでなければ、実験で検証することはできない。もち
ろん、科学者も私たちも自然界の事物・現象が "なぜ（why）" 存在する
のかについても知りたいと思っている。しかし、ピーター・メダワー（Pe-
ter Brian Medawar, 1915〜1987）が、科学は "解けることがら（Soluble）
を解く技術（art）" と述べているように、存在理由を問う "なぜ（why）"
という問題は、実験で検証することができない。このような理由から、繰
り返しになるが、存在理由を問う "なぜ（why）" という問いは、哲学的
な問題にはなるが、科学では扱えない問題であることに注意する必要があ
る。

(4)　アブダクションによる説明仮説の発案から作業仮説の設定
1)　アブダクションについて

　アブダクション（abduction）は、アメリカの論理学者・科学哲学者の
チャールズ・パース（Charles S.Peirce, 1839〜1914）が提唱した、演繹
（deduction）、帰納（induction）とは異なる、仮説を発案する際の推論の
思考様式である。

　米盛は、パースが提唱したアブダクションの推論の形式について、「あ

第三章　小学校・中学校教育における新学習指導要領と21世紀型教育の核心

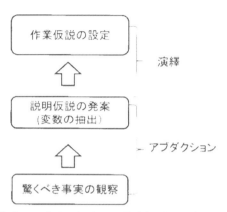

図3-2-4　驚くべき事実の観察から作業仮説の設定までの推論の過程

る意外な事実Cが観察されると、その事実Cがなぜ起こったかを説明するために仮説Hが発案されます。そして、『もしHが真であれば、Cは当然の事柄であろう』というふうにいうことができるならば、『Hは真であると考えるべき理由がある』として、仮説Hを暫定的に採択することができます」と述べている。また、米盛は、パースによる科学的探究の過程について、三つの段階があると指摘している。第一段階はアブダクションであり、ある驚くべき事実の観察から出発し、その現象がどのようにして起こったかについて、何らかの説明を与えてくれる仮説を考え出す段階である。第二段階は演繹であり、アブダクションによって提案された仮説から、必然的に導かれる結果を追究する段階である。第三段階が帰納であり、結果がどれだけ経験と一致するかを確かめて仮説が経験的に正しいか、それとも何らかの修正が必要か、あるいはまったく受け入れることができないかを判断する段階である。

　以上のようにパースは、アブダクションを演繹、帰納と並ぶ推論の一つの方法として、科学的探究の第一段階に位置付けている。

2) 問題解決における仮説の設定に至る推論の思考様式

アブダクションにより発案される仮説は、ある事象を説明するための仮説であり、説明仮説であると言える。一方、作業仮説は、「…すれば、…は、…になる」というように条件の変え方とともに予想される結果を見通して明文化された仮説である。

現行の小学校学習指導要領解説理科編においては、学年を通して育成する問題解決の能力として、「第6学年では、自然の事物・現象についての要因や規則性、関係を推論しながら調べる」と示されている。しかし、推論の一つであるアブダクションによる説明仮説の発案は、第6学年に限らず行われている。例えば、小学校第4学年の電気の働きの学習では、モーターを速く回す要因として乾電池の数やつなぎ方に気付かせたり、小学校第5学年の振り子の運動の学習では、振り子の1往復する時間に影響を及ぼす変数を考えたりさせるなどして、説明仮説を発案する推論を行っている。また、中学校においては、例えば、オームの法則の学習で、豆電球の明るさの変化に影響を及ぼす要因として電流や電圧を推論させ、電流、電圧、抵抗の関係を見いださせている。以上のように、推論は小学校第6学年に限らず、小・中学校の理科の様々な学習場面において、行われている思考様式であると言える。

小・中学校理科の観察・実験における作業仮説の設定までの推論の過程は、アブダクションを含む推論の思考様式を援用すると図3-2-4のようになる。

(5) 問題解決の過程
1) 問題解決は「見て、考えて、やってみる」の繰り返し

2011年1月にNHKで放映された「科学の扉を開けた男 ガリレオ」

第三章　小学校・中学校教育における新学習指導要領と21世紀型教育の核心　71

という番組の副題に、「見た！考えた！やってみた！」というのがあった。「見た！」は、ある事象を見て疑問を感じた場面であり、「考えた！」は、その事象の変化を因果関係で捉え、「その事象の変化に影響を及ぼしていると考えられる要因を同定して、この要因を条件としてこのように変化させると、結果はこうなるのではないだろうか」という作業仮説を考える場面である。そして、「やってみた！」は、作業仮説に基づいて条件を変えて実験で検証する場面である。

　「見た！考えた！やってみた！」は、実験にだけ当てはまるのだろうか。観察の場面ではどうなのだろう。例えば、果物のカキを食べていたら種があったとしよう。捨ててしまえばそれまでであるが、手に取って「見て」、カキの種の中はどのようになっているのだろうかと疑問を持ったとしよう。そして、種を切ってみると、中のようすが分かるのではないかと「考え」、「やってみた」。そうすると、種の中に双葉のついた胚があった（図3-2-5）。小さな発見である。観察は条件を変えるという操作を加えないで、諸感覚を用いて情報を収集することである。観察においても「見た！考えた！やってみた！」のフレーズは当てはまりそうである。しかし、観

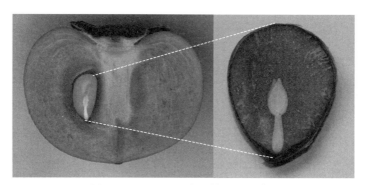

図3-2-5　カキの実と種子の縦断面

察と実験では、疑問を解決する際の問題の設定の仕方が異なり、解決の仕方も異なる。それでは、観察と実験における問題の設定の仕方の違いと探究の仕方の違いはどこにあるのだろうか。

2)　観察と実験の区別

　文部科学省が平成 23 年 3 月に示した「小学校理科の観察、実験の手引き」（以下、手引きと表記する）では観察と実験に関する基本的な考え方が示されている。

　観察については、「自然の事物・現象には膨大な情報が潜在しており、そこから事物・現象の構造や変化のサインなどをとらえるためには、一定の視点を基にした観察を重視する必要がある。ここでは、実際の時間の流れの中での変化や順序性などや、実際の空間の中での位置関係や距離などに注意を払いつつ、諸感覚を働かせながら文字記録を取ったり、写真などの映像記録を取ったりすることが大切である。」と述べている。

　そして、実験については、「具体的な自然の事物・現象から、いくつかの要素を切り取って、それらを組み合わせて調べることによって成立する学びである。児童が、自らの予想や仮説を基にして、実験を計画・実施することが重要である。児童は、予想や仮説と実験の結果を比較し、考察を行うことにより、一定の暫定性は含みつつも科学的な結論を得ることができる。」と述べている。

　手引きに記された文言から観察と実験の特徴を端的に示した部分を切り取ると、観察は「実際の時間の流れの中での変化や順序性など」で、実験は「いくつかの要素を切り取って、それらを組み合わせて調べる」であろう。これを手がかりに、観察と実験の違いをもう少し考えてみる。観察では一般的に、自然の事物・現象から「要因を同定しない」で調べる。それに対して、実験は自然の事物・現象の変化に影響を及ぼすと考えられる

第三章　小学校・中学校教育における新学習指導要領と21世紀型教育の核心　　73

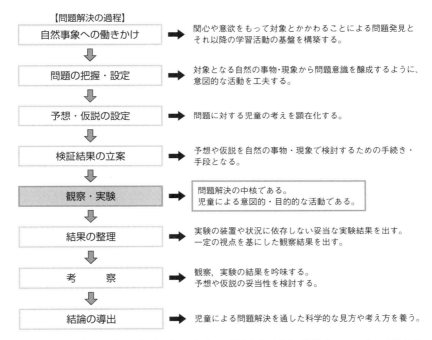

図3-2-6　「小学校理科の観察、実験の手引き」（文部科学省、2011）で示された問題解決の過程

「要因を同定して」、それを実験条件として変化させて、その変化を観察したり測定したりする点に特徴がある。つまり、実験であつかう自然の事物・現象には、人為的に操作できる因果関係が存在すると言うことであり、観察と実験の明確な違いはこの点にある。実験に先立つ作業仮説の設定は、人為的に操作できる要因が存在するから可能なのである。このように考えると、人為的に条件を変えてない観察では、作業仮説は立てられないと言うことになる。

　本書では、以上を踏まえて小・中学校における理科の実験と観察を次のように定義することにする。実験とは、因果関係を前提とする自然の事

物・現象の変化とその原因と考えられる要因との関係について、条件を変えて仮説を検証する問題解決（探究）の仕方である。観察は、因果関係を前提としないで、自然の事物・現象のつくりや変化等について諸感覚を通して情報収集して記録した結果に基づいて、共通点や規則性等を見つける問題解決（探究）の仕方である。

3) 観察・実験における問題解決（探究）の過程

　2011年（平成23年）に文部科学省が示した問題解決（探究）の過程は、図3-2-6のように直線的な流れで示されている。上述した、「見た！考えた！やってみた！」に図3-2-6の流れを対応させてみる。「見た！」は、「自然事象への働きかけ」が対応するだろう。自然事象に関心をもって関わることで、変化に気付き、それが疑問として捉えられる必要がある。「考えた！」に対応するのは、「問題の把握・設定」、「予想・仮説の設定」、「検証計画の立案」が対応するだろう。つまり、「見て」疑問に感じたことを、観察や実験で解決できる問いを立てるのが「問題の把握・設定」であり、さらにその問いに対応させた仮の答えとしての「予想・仮説の設定」を行い「検証計画の立案」までが「考えた！」の段階である。そして、「やってみた！」は、「観察・実験」、「考察」、「結果の導出」が対応する。

　さて、図3-2-6に示された問題解決の過程では、その中核として観察・実験が位置付けられている。つまり、観察と実験の両方を説明するための図であるといえる。実験については、この図はたいへん良く適用できる。しかし、観察による問題解決の流れとして適用すると「予想・仮説の設定」がしっくりこないように感じるのである。上述のカキの種に関する、「中はどうなっているのだろうか？」という疑問を解決するには、「半分に切ってみれば、何か分かるのではないか」という程度の見通ししか思い浮

第三章　小学校・中学校教育における新学習指導要領と21世紀型教育の核心　　75

かばないのではないだろうか。つまり、観察による問題解決では、実験における作業仮説のように、「こうすれば、結果は、こうなる」というような、結果を予想できる仮説を設定することは困難である。

4）　探究の過程の8の字型モデル

　自然の事物・現象に対する疑問は、図3-2-6の初発に位置付けられているように、「自然の事物・現象への働きかけ」によって生じる。疑問は「なぜだろう」という言い方で表現される。しかし、「なぜ」という問いを繰り返しても、観察や実験で解決できる問いにはならない。疑問を問題にするには、「要因として何が考えられるか」とか「どのようにすれば確かめられるか」について考える必要があり、これが「問題の把握・設定」の段階である。この段階では、観察で解決できるのか、それとも実験で解決できるのかを判断する必要がある。判断の視点は、その疑問に因果関係がありそうか、なさそうかである。因果関係がなさそうであれば、とりあえず観察をすれば良い。因果関係がありそうであれば、何の条件を変えて実験するのかを考えれば良い。このように、自然の事物・現象に関わる原因となる要因がありそうか、それともなさそうかについて考え、観察と実験を区別して考える必要がある。このように考えると、問題解決（探究）の過程は、一直線ではなく二系統に分けて描く方が、説明しやすくなると考えられる。また、問題解決（探究）は結論が得られればそれで終わりということにはならない。つまり、一つの結論が得られても、新たな疑問が生じる。このように考えると、二系統に分けるだけではなく、問題解決（探究）が繰り返し行われ、次第に探究が深まることをイメージしやすい、循環的なモデルの方が汎用性が高いのではないかと考えられる。その結果、出来上がったのが図3-2-7である。

　図3-2-7では、実験による問題解決の過程を左側に、観察による問題解

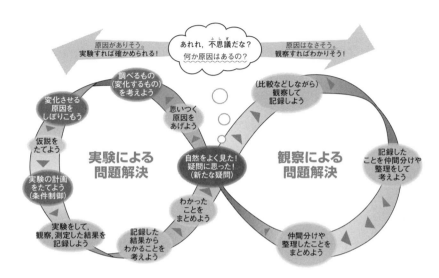

図3-2-7 探究の過程の8の字型モデル（小林辰至・浅倉健輔、2015）

決の過程を右側に配置するとともに、観察と実験のいずれにおいても「疑問」が出発点となるように、両者が交差するところに位置づけた。結果として8の字を横にしたようなモデルになったことから、「探究の過程の8の字型モデル」と命名した。観察による問題解決を行うのか、それとも実験で問題解決を行うのかを判断する視点は、因果関係の有無である。実験による問題解決の初発の段階は、事象への働きかけにより抱いた「疑問」である。この疑問は事象に働きかけながらよく見ることにより生じたものであり、変化するもの（従属変数）とそれに関わる原因となる要因（独立変数）との関係に漠然と気付いている状態である。次の、「思いつく原因をあげよう」のところで独立変数を思いつくだけ挙げた後、「調べるもの（変化するもの）を考えよう」で従属変数を同定する。そして、「変化させる原因をしぼりこもう」では、思いつくだけ挙げた独立変数の中からもっ

第三章　小学校・中学校教育における新学習指導要領と21世紀型教育の核心　　77

ともらしいものの順をつけるとともに、条件として不適切なものを捨て去る。そして、「仮説をたてよう」で従属変数と独立変数とを関係付けて、「…すれば、…は、…になる。」という文で表される作業仮説を立てる。「実験の計画をたてよう（条件制御）」では、仮説を検証するための条件制御を考える等の実験計画の立案を行う。仮説を考え、実験の計画を立てることができれば、結果を見通すことができる。この後は、「実験をして記録しよう」、「記録した結果からわかることを考えよう」、「わかったことをまとめよう」と進み、結論が得られることになるが、新たな疑問が生じることもある。新たな疑問が生じれば、再び実験の過程にもどり、問題解決（探究）が深まることになる。

(6)　理科教科書に掲載されている観察・実験の「探究の過程の8の字型モデル」への適用

　この「探究の過程の8の字型モデル」の適用の仕方について、小学校第5学年の「植物の発芽と成長」を例に考えてみる。現行の小学校学習指導要領解説理科編には、「身近な植物の種子を用いて、植物の種子が発芽するために必要な環境条件を調べることについては、例えば、水や空気の条件を一定にして、温度の条件を変えるなど、条件を制御しながら発芽の様子を調べ、発芽には水、空気及び適当な温度が必要なことをとらえるようにする。」と記されている。これを受けて、ある教科書では「種子が発芽するには、どんな条件が必要なのだろう」という問いかけに始まり、予想を立てて実験で問題を解決する展開になっている。この学習の過程を「探究の過程の8の字型モデル」に当てはめて問題解決の過程をたどってみよう。子どもは、生活科や中学年の理科の学習で、種子を蒔いた後に水を与える等の経験を持っていることから、発芽には水が要因として関わってい

ることを容易に推測するであろう。つまり、この学習は発芽には何らかの
要因が関わっており、因果関係がある事象ととらえ、実験を行いながら問
題解決できると考えるであろう。そして、「思いつく原因をあげよう」の
ところで、独立変数として「水」、「温度」、「土」等を思いつくであろう。
「土」は発芽に必要な条件ではないが、仮説を立てて検証が可能な独立変
数であることから、子どもの考えを尊重する観点から生かしたいものであ
る。「空気」に気付かせるためには、適切な事象の提示等、教師からの働
きかけが必要であろう。次の「調べるもの（変化するもの）を考えよう」
では、改めて「発芽するかどうか」、つまり「発芽」が従属変数であるこ
とを確認させる。そして、「変化させる原因をしぼりこもう」では、思い
つくだけ挙げた独立変数の中から「水」、「温度」、「空気」、そして、子ど
もの土へのこだわりの状況によっては、「土」に絞り込む。同定した従属
変数と独立変数を関係付けると、「水を与えると種子は発芽する。」や「空
気がないと種子は発芽しない。」等の仮説を立てることができる。この実
験では、複数の独立変数が想定されることから、実験の際に条件の制御が
必要になってくる。「実験の計画をたてよう（条件制御)」では、仮説を検
証するためにどの独立変数をそろえて、どの独立変数を変えるのかについ
て考える。これが実験計画の立案である。ここまで、子どもが自らの力、
もちろん教師の指導があってのことだが、仮説を考えて明文化し、実験の
計画を立てることができれば、実験の目的が明確になり、結果を見通すこ
とができる。この後は、「実験をして記録しよう」、「記録した結果からわ
かることを考えよう」、「わかったことをまとめよう」と進み、結論が得ら
れることになるが、新たな疑問が生じることもある。例えば、実験に用い
た種子の中のつくりはどうなっているのだろうか、という疑問が生じるこ
とは想像に難くない。実際、教科書では種子のつくりを観察させる展開に

なっている。つくりを調べるに当たって、因果関係を想定できないことから、観察で問題解決できると判断できる。「探究の過程の8の字型モデル」に当てはめると、右側の観察による問題解決の過程に入ることになる。1日くらい水に浸しておいたインゲンマメの種子を割ってみると、根・茎・葉になる部分が肉眼で観察できる。「観察をして記録しよう」、「記録したことからわかることを考えよう」、「わかったことをまとめよう」という問題解決の過程で、子どもにとって大きな発見へと導くことができる。以上のように、小学校第5学年の単元「植物の発芽と生長」の問題解決の過程は、「探究の過程の8の字型モデル」で説明することができる。

(7) 中学年の児童に自らの力で仮説を設定する力を育成する The Two Question Strategy（2QS）

1) 事象を因果関係で捉えて作業仮説を立てるための2QS

小学校中学年で設定されている実験の特徴は、ある単純な事象について何らかの条件を変えると、その結果どのような変化が生じるかを確かめることにある。理科教科書では、実験に際して、結果を予想させることに重点が置かれ、条件を変える手立て、つまり作業仮説を考えさせることは求めていないように読み取れる。しかし、実験で取り上げられている事象は単純であるが、そこには明確な因果関係が認められる。因果関係がある事象であれば、その関係を従属変数と独立変数の関係として捉えることができる。つまり、実験に際して結果の予想だけでなく、条件の変え方を含む作業仮説を設定させて取り組ませることができる。

The Two Question Strategy（2QS）は小学校中学年の児童にも自分の力で仮説を立てられるよう、思考を支援するための指導方略である。The Two Question Strategy（2QS）の名称は、指導方略とワークシートの両

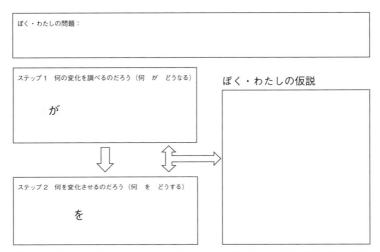

図3-2-8 The Four Question Strategy（4QS）の考え方を基本に作成した The Two Question Strategy（2QS）のシート

方を指している（図3-2-8）。2QSのシートはステップ1「何の変化を調べるのだろう（何がどうなる）」とステップ2「何を変化させるのだろう（何をどうする）」の二つで構成されている。ステップ1に「…が、…になる」等のように結果の予想を記述させた後、ステップ2に「…を…する」等のように条件の変え方を記述して、ステップ1と2を関係付けて一文にすると「…を…すると、…が…になる」等の作業仮説が立てられる。例えば、ステップ1には「水の温度が上がる」等のように、どのような変化が見られるかを記述させる。そして、ステップ2には「日光に当てる」等のように、条件の変え方、つまり独立変数の変化のさせ方を記述させるようになっている。このような形式であれば、小学校中学年の児童にも「…を…すると、その結果…は、…になる。」等のように、作業仮説が立てられる。また、それぞれの枠には、助詞の「が」や「を」をあらかじめ記入しておくことで、小学校中学年の児童が自分の考えを記述しやすくなる。

第三章　小学校・中学校教育における新学習指導要領と 21 世紀型教育の核心　　81

2)　小学校中学年理科の実験の 2QS への適用の仕方

　小学校第 3 学年の単元「ゴムのはたらき」の実験を例に挙げて、2QS
への適用の仕方を述べる。なお、2QS を用いて児童に作業仮説を立てさ
せる際に重要なのは、問題の文に、従属変数を含めておくことである。ま
た、その従属変数の変化を確かめるために、具体的な手立てを考えなけれ
ばならないことが読み取れるような文言を入れることも合わせて重要であ
る。さらに、児童の気付きを生かして問題を設定するためには、適切な事
象提示等を行い、疑問を解決する手がかりとなる因果関係を把握させてお
くことが大前提である。

　「ゴムのはたらき」における事象提示の例としては、輪ゴムで走る車を
2 台用意し、車の走る距離が異なる様子を見せること等が考えられる。こ
のような事象提示を行うことで、児童は「なぜあの車の方が遠くまで走っ
たのだろう。」という疑問をもつ。そして、車の移動距離とゴムとの間に
何らかの因果関係があるのではないかと推測し、「車をもっと遠くへ走ら
せるには、輪ゴムをどのようにすればいいだろう。」という問題をつかむ
ことができるものと考えられる。ここで、重要なことは、繰り返しになる
が問題の文の中に従属変数と独立変数に気付かせる表現をを適切に入れる
ことである。具体的に述べると、児童に把握させたい問題として「車をも
っと遠くまで走らせるには、輪ゴムをどうすればよいだろう。」を設定し
たとすると、従属変数は「車が走る距離」であり、独立変数は「輪ゴムに
加える手立て」ということになる。このように、問題に従属変数と独立変
数の関係を確かめるという示唆が読み取れる文にすることが重要である。
以下に、2QS ワークシートへの記入のさせ方を示す。

　仮説の設定に当たって、指導者は児童の手元に 2QS ワークシートを 1
枚配布する。そして、問題として「車をもっと遠くまで走らせるには、輪

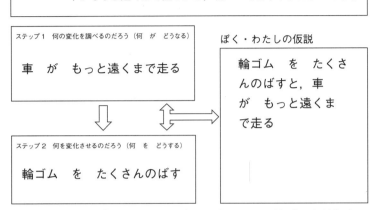

図3-2-9 問題「車がもっと遠くまで走るには、輪ゴムをどうすればよいだろう」における The Two Question Strategy (2QS) のシートへの記入例

ゴムをどうすればよいだろう。」を板書する。もちろん、上述の事象提示の後である。次に、教師は板書した問題について何が従属変数なのかに気付けるような問いかけと児童からの発言のやりとりを行い、指導からの発言を板書する。この実験の場合、ステップ1の枠の中には例えば「車をもっと遠くまで走らせる」等を記入させることになる。

　ステップ2は、独立変数をどのように変化させるかについて、その手立てを記入させる。問題を把握した児童に自由に考えさせると、「輪ゴムをもっと長くひっぱる」、「輪ゴムの数を増やしてひっぱる」、「輪ゴムを太くする」等、独立変数をどのように変えたいかという考えが出てくるものと考えられる。教師は児童の発言のうち、独立変数の変え方として、科学的に適切なものを板書する。もちろん、発言を全て記述しておいて、それらの一つ一つについて、適切かどうかを、児童と議論するのも良いだろう。

第三章　小学校・中学校教育における新学習指導要領と 21 世紀型教育の核心　　83

そして、科学的に適切であろうと考えられるものの中から、まず一番に確かめたいものを決めさせ、ステップ 2 の枠の中に記入させる。ここでは、「輪ゴムをたくさんのばす」を記入させたものとする。ステップ 2 には、児童が思い付くものを全て書かせても良いだろうし、理科を学び始めたばかりの小学校第 3 学年であることを考慮して、一つだけ書かせるのもよいだろう。また、複数枚の 2QS ワークシートを配布し、1 枚のワークシートに 1 つの独立変数の変え方を書かせるのも良いだろう。このようにすると、自分で考えた独立変数の変え方の数がワークシートの枚数として実感できることから、仮説設定への意欲の高まりが期待できる。この点についての判断は、教師の指導のねらいや年間の指導計画での位置付けによって変わってくると考えられる。

　最後に、ステップ 1 とステップ 2 を関係付けて一文にまとめさせると、「輪ゴムをたくさんのばすと、車がもっと遠くまで走る。」等の作業仮説が設定できる。

（8）　高学年の児童に自らの力で変数を同定して仮説を立てる力を育成する The Four Question Strategy（4QS）

　The Four Question Strategy（4QS）は、事象から変数を同定させる点において The Two Question Strategy（2QS）よりも高度な思考を要する。したがって、高学年であっても 2QS のシートで因果関係の捉え方を学んだ後に、4QS を用いて変数の同定を行わせるのも良いだろう。4QS において最も重要なのは、変化する事象から従属変数を同定して STEP1 に記入し、次に STEP2 に従属変数に影響を及ぼすと考えられる要因を独立変数として記入することである。つまり、事象の変化を、従属変数（y）と独立変数（x）の関係として捉えさせることが重要なのである。4QS が

2QS よりも高度、あるいは重要な点はここにある。

　4QS を使用して仮説を立てさせる際に、まず注意を払わなければなら
ないのは、2QS と同様に問題の文言である。この文言の中に従属変数の
同定に直結するキーワードが含まれていなければならない。そして、さら
に独立変数に考えが及ぶような表現が一文の中にセットで組み込まれてい
る必要がある。つまり、例えば「…すれば、結果は、…のようになる。」等
のように、表現できる作業仮説の設定につながる問いでなければならな
い。このことは、特に強調しておきたい。もしも、「なぜ…は、…だろう。」
という課題を設定したならば、考えなければならない事が広がってしま
う。つまり、「なぜ」という問いに対して「因果関係」の原因をあげて説
明すれば良いのか、「性質」を説明すれば良いのか、それとも「構造」に
着目して説明すれば良いのかが分かりにくい。そのため、焦点を絞りにく
くなるのである。探究の過程において、教師からの「なぜ」という発問
は、探究の極めて初期の段階においては必要であるし重要である。しか
し、少なくとも作業仮説を考える段階では、「なぜ」という問いかけを
4QS ワークシートの課題の欄に記入することは不適切である。課題を記
入する欄の下には STEP1 から STEP4 の枠と仮説を記入する枠があり、
それらが順に矢印でつながっている。なお、STEP1 から STEP4 に進ん
でも、あるいは STEP1 から STEP2 に進んでもかまわないことにも注意
を要する。場合によっては、STEP1 から STEP4 に進んだ方が、授業が
スムースに展開することもある。

　STEP1 は設定した問題の一文から、変化することを従属変数として簡
潔に記入させる。例えば、問題として「電磁石の強さを変えるには、どの
ようにすればよいのだろうか」が与えられたとすると、STEP1 の枠の中
には、従属変数として「電磁石の強さ」を記述する（図 3-2-10）。

第三章　小学校・中学校教育における新学習指導要領と21世紀型教育の核心　　85

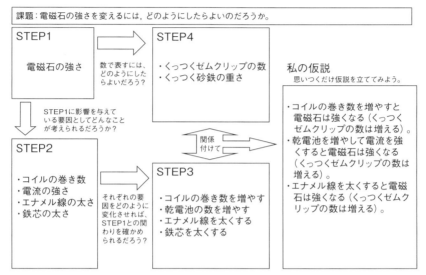

図3-2-10　「問題：電磁石の強さを変えるには、どのようにすればよいだろうか」を例にした4QSワークシートへの記入例

　STEP2は従属変数に影響をおよぼす独立変数を記入させる。児童が4QSワークシートに慣れていない場合は、教科書を見ながら考えさせると良い。慣れてくると、思いつく独立変数を多数挙げさせるのが理想である。その際、教員の制御はできるだけ控えて、自由に自分の考えを発言したり記述したりできる雰囲気を醸成することが大切である。電磁石の場合であれば、枠の中にコイルの巻き数、電流の強さの他に、エナメル線の太さや鉄芯の太さ等も出てくるだろう。場合によっては、突飛な独立変数を挙げる者も出てくる。そのような時の指導のポイントは、実証性や再現性のある実験の計画と実施が可能なのかを考えさせることである。そして、仮説の検証にあたっては、教科書に掲載されている条件の実験は最優先で行うこととして、児童がどうしても確かめたいという仮説については、実

証性、再現性、客観性が保証できる実験計画が立てられたもの一つ程度に限定して取り組ませるようにすると、児童の興味・関心を維持できるとともに授業内容が発散しすぎることはない。

STEP3 は STEP2 で挙げた独立変数を実験条件として、どのように変化させるのかを考えさせる。電磁石の例であれば、「コイルの巻き数を増やす」や「電池の数を増やす」をはじめ、「エナメル線を太くする」、「鉄芯を太くする」等を記述する。STEP4 は STEP1 で挙げた従属変数を数量としてあらわす方法、つまり測定方法を考えて記入させる。もちろん、慣れないうちは、教科書を見ながらの作業でかまわない。小学校理科の実験であれば、電磁石につくゼムクリップの数等と記述すれば良いだろう。そして、最後に STEP3 と STEP4 とを関係付けて、例えば「…すれば、…は…になる。」というような表現で仮説を文で記述させる。電磁石の実験の場合、「コイルの巻き数を多くすると電磁石にくっつくゼムクリップの数は増える（電磁石は強くなる）。」等と記述する。

4QS を用いて児童に変数を同定させた後、作業仮説を立てさせることで、実験の目的や結果の予想を明確に持たせることが出来るようになる。結果として、児童の主体的・能動的かつ深い学び（アクティブ・ラーニング）が実現できる。

文献

小林　興　監訳（2007），「キャンベル生物学」，pp.18-20，丸善株式会社．

小林辰至・雨森良子・山田卓三（1992），理科学習の基盤としての原体験の教育的意義，日本理科教育学会研究紀要，日本理科教育学会，第 33 巻第 2 号，pp.53-59.

桜井邦朋（1999），「現代科学論 15 講」，pp.41-48，東京教学社．

戸田山和久（2011），「「科学的思考」のレッスン」，pp.55-82，NHK 出版．

小山慶太（2012），「寺田寅彦」，中公新書．

森一夫　編著（2003），「21 世紀の理科教育」，pp.16-38，学文社．

Cothron, j. h., Giese, R. N., & Rezba, R. J. m：「Science Experiments and Project for student」，pp.21-35，2000，Kendall/Hunt Publishing Company.

浅倉健輔（2016）小学校理科における問題解決能力を高めるための指導法の研究—「探究の過程の 8 の字型モデル」と「探究アイテム」を用いた実践を通して—，上越教育大学修士論文．

小林　興　監訳（2007），「キャンベル生物学」，pp.18-20，丸善株式会社．

小林辰至・永益泰彦（2006）「社会的ニーズとしての科学的素養のある小学校教員養成のための課題と展望—小学校教員志望学生の子どもの頃の理科学習に関する実態に基づく仮説設定のための指導法の開発と評価—」『科学教育研究』第 30 巻，第 3 号，185-193．

中谷宇吉郎（1988）「中谷宇吉郎随筆集」，pp.38-45，岩波出版．

自然科學グループ（1937）「自由學園學術叢書第一　霜柱の研究　布の保温の研究」，pp.0-12，自由學園學園新聞出版部．

米盛裕二（2007）『アブダクション　仮説と発見の理論』勁草書房．

山口真人・田中保樹・小林辰至（2015）「科学的な問題解決において児童・生徒に仮説を形成させる指導の方略— The Four Question Strategy（4QS）における推論の過程に関する—考察—」，理科教育学研究，第 55 巻，第 4 号，437-443．

五十嵐敦志（2017），小学校中学年理科における仮説設定の能力を育成する指導法とその効果に関する実践的研究— The Two Question Strategy（2QS）を用いた指導を通して—，上越教育大学修士論文．

斎藤紗織（2017），因果関係の見方・考え方を働かせて問題解決する理科指導法の実践的研究—小学校3年生理科における仮説設定の指導法とその効果—，上越教育大学修士論文．

3 中学校「理科」：理科の見方・考え方を働かせて探究の能力を育成する手立てと評価

はじめに

2016 年 12 月 21 日に行われた中央教育審議会において、学習指導要領等の改善に関する答申が出された。答申では、育成すべき資質・能力に共通する要素を三つの柱、①「何を理解しているか、何ができるか（生きて働く「知識・技能」の習得）」、②「理解していること・できることをどう使うか（未知の状況にも対応できる「思考力・判断力・表現力等」の育成）」、③「どのように社会・世界と関わり、よりよい人生を送るか（学びを人生や社会に生かそうとする「学びに向かう力・人間性等」の涵養）」として整理している。

「思考力・判断力・表現力等」の育成については、次のように述べられている。

将来の予測が困難な社会の中でも、未来を切り拓ひらいていくために必要な思考力・判断力・表現力等である。思考・判断・表現の過程には、大きく分類して以下の三つがあると考えられる。

・物事の中から問題を見いだし、その問題を定義し解決の方向性を決定し、解決方法を探して計画を立て、結果を予測しながら実行し、振り返って次の問題発見・解決につなげていく過程
・精査した情報を基に自分の考えを形成し、文章や発話によって表現したり、目的 や場面、状況等に応じて互いの考えを適切に伝え合い、多様な考えを理解したり、集団としての考えを形成したりしていく過程
・思いや考えを基に構想し、意味や価値を創造していく過程

上述の思考・判断・表現の過程は、観察・実験を通して学ぶ理科の学習の過程そのものであると言えよう。本節では二つめの柱の、「理解していること・できることをどう使うか（未知の状況にも対応できる「思考力・判断力・表現力等」の育成）に焦点を絞り、その育成に当たってどのように評価規準を設定してどのような点に配慮して実践すればよいのかについて述べる。

（1）　中央教育審議会答申で示された中学校理科で育成すべき資質・能力

中学校の理科において育成すべき資質・能力は表3-3-1のように、「知識・技能」、「思考力・判断力・表現力等」、「学びに向かう力や人間性等」の三つの柱に沿って整理されている。一つ目の「知識・技能」では、自然の事物・現象に対する概念や原理・法則の理解、科学的探究や問題解決に必要な観察・実験等の技能などが求められている。二つ目の「思考力・判断力・表現力等」では、科学的な探究能力や問題解決能力などが、そして、三つ目の「学びに向かう力や人間性等」では、主体的に探究しようとしたり、問題解決しようとしたりする 態度などが求められている。

また、理科における見方・考え方については、エネルギー・粒子・生命・地球の各領域ごとの特徴的な視点に基づき整理されている。そこには、「エネルギー」領域では、自然の事物・現象を主として量的・関係的な視点で捉えること、「粒子」領域では、自然の事物・現象を主として質的・実体的な視点で捉えること、「生命」領域では、生命に関する自然の事物・現象を主として多様性と共通性の視点で捉えること、「地球」領域では、地球や宇宙に関する自然の事物・現象を主として時間的・空間的な視点で捉えることと記されている。さらに、理科の学習における考え方

第三章　小学校・中学校教育における新学習指導要領と 21 世紀型教育の核心　　91

表 3-3-1　中央教育審議会答申が示した中学校の理科において育成すべき資質・能力

理科	個別の知識や技能（何を知っているか、何ができるか）	思考力・判断力・表現力等教科等の本質に根ざした見方や考え方等（知っていること・できることをどう使うか）	学びに向かう力、人間性等情意、態度等に関わるもの（どのように社会・世界と関わりよりよい人生を送るか）	資質・能力の育成のために重視すべき学習過程等の例
中学校	○中学校理科における概念や原理・法則の基本的な理解 ○科学的探究についての基本的な理解 ○探究のために必要な観察・実験等の基礎的な技能（安全への配慮、器具などの操作、測定の方法、データの記録・処理等）	○自然事象の中に問題を見いだして仮説を設定する力 ○計画をたて、目的意識をもって観察・実験する力 ○得られた結果を分析して解釈するなど、科学的に探究する力と科学的な根拠をもとに表現する力 ○探究の過程における妥当性を検討するなど総合的に振り返る力	○自然事象の中に問題を見いだして仮説を設定する力 ○計画をたて、目的意識をもって観察・実験する力 ○得られた結果を分析して解釈するなど、科学的に探究する力と科学的な根拠をもとに表現する力 ○探究の過程における妥当性を検討するなど総合的に振り返る力	自然事象に対する気付き 課題の設定 仮説の設定 検証計画の立案 観察・実験の実施 結果の処理 考察・推論 表現 見通し　振り返り

表 3-3-2　中央教育審議会答申が示した理科教育のイメージ（中学校のみを抜粋）

【中学校】
◎自然の事物・現象について、問題を明確にして課題を設定し、根拠に基づく結論を導き出す過程を通して、科学的な見方や考え方を養う。
○①概念や原理・法則の基本的な理解や観察・実験等の基本的な技能を養う。
　②目的意識をもって観察・実験し、得られた結果を分析・解釈する力を養う。
　③自然を敬い、自然の事物・事象にすすんでかかわり、科学的に探究する態度と根拠に基づき判断し表現する態度を養う。
●小学校で身に付けた、比較、分類、関係付け、条件制御などの資質・能力をさらに高め、自然事象の把握、問題の設定、予想・仮説の設定、検証計画の立案、観察・実験の実施、結果の処理、考察・推論、表現等の学習活動を充実する。また、日常生活や他教科との関連を図る。例えば、1 年：自然の事物・事象に進んでかかわり、その中から問題を見いだす。2 年：解決方法を立案して実行し、結果の妥当性を検討する。3 年：探究の過程を振り返り、その妥当性を検討する。

（思考の枠組み）について、探究の過程を通じた 学習活動の中で、比較したり、関係付けたりするなどの科学的に探究する方法を用いて、事象の中に何らかの関連性や規則性、因果関係等が見いだせるかなどについて考えることであると思われると記されている。 そして、中学校理科における「見方・考え方」を、「自然の事物・現象を、質的・量的な関係や時間的・空間的な関係などの科学的な視点で捉え、比較したり、関係付けたりするなどの科学的に探究する方法を用いて考えること」とまとめている。また、理科の学習においては、この理科の「見方・考え方」を働かせながら、知識・技能を 習得したり、思考・判断・表現したりしていくものであると同時に、学習を通じて、理科の「見方・考え方」が広がったり深まったりし成長していくと考えられると述べている。さらに、中学校については、小学校で身に付けた、問題解決の能力をさらに高め、自然事象の把握、課題の設定、予想・仮説の設定、検証計画の立案、観察・ 実験の実施、結果の処理、考察・推論、表現等の学習活動を充実することや、1 年では自然の事物・現象に進んでかかわり、その中から問題を見いだすこと、2 年では解決方法を立案して実行し、結果の妥当性を検討すること、3 年では探究の過程を振り返り、その妥当性を検討することが、学習過程の例として挙げられている（表 3-3-2）。

　小学校で身に付けた、問題解決の能力をさらに高める手がかりとなるのはプロセス・スキルズであると考える。探究の過程で用いるプロセス・スキルズを我が国の理科教育の実情に即して再検討を行い、21 世紀に求められる資質・能力の育成に生かせるようにしておく必要がある。

（2）　中央教育審議会答申が示した理科において育成すべき資質・能力の「思考力・判断力・表現力等」を考える原点としてのプロセス・スキルズ

　中央教育審議会答申において示された理科において育成すべき資質・能力の「思考力・判断力・表現力等」を、授業で具現化するに当たって基本的かつ重要なことは、エネルギー等の各領域の観察・実験の一つ一つについて問題解決や探究の過程で用いる技能を評価の規準として明文化しておくことである。その際の手掛かりとして、1960 年代にアメリカ科学振興協会（American Association for the Advancement of Science；AAAS）が、"Science-A Process Approach（SAPA）"において提案した、プロセス・スキルズが挙げられる。

　プロセス・スキルズは、「観察する」、「時空の関係を用いる」、「分類する」、「数を使う」、「測定する」、「伝達する」、「予測する」、「推論する」の 8 つの基礎的プロセスと「仮説を設定する」、「操作的に定義する」、「変数を制御する」、「データを解釈する」、「実験する」の 5 つの総合的プロセス、合わせて 13 のプロセス・スキルズのもとに、合計 57 の目標が設定されている。

　しかし、我が国の「理科」の授業に、13 のプロセス・スキルズとその下に設定された 57 の目標を、そのまま適用するのは難しい。その理由の一つとして、例えば基礎的プロセスの「測定する」に設定されている目標の「正確さ（accuracy）と精密さ（precision）の違いを識別することができる。」等のように、我が国の「理科」授業の実情にそぐわないものが複数存在することが挙げられる。また、総合的プロセスの「実験する」のように、「仮説を設定する」や「変数を制御する」等、多くのプロセス・スキルズを包含しているため、観察・実験の評価に適用しにくいことも理

表 3-3-3 Science-A Process Approach commentary for teachers（SAPA）に掲載されているプロセス・スキルズを精選・統合して開発した「探究の技能」

Ⅰ 事象を理解・把握するために観察する技能
 Ⅰ-1 五感を通して得た事象のようすや性質等を記録する。
 Ⅰ-2 数値を用いて観察したことを記録する。
 Ⅰ-3 観察した事象の変化のようすや変化の特徴を記録する。
 Ⅰ-4 立体や平面の図を使用して観察した事象を記録する。
 Ⅰ-5 事物の構造や位置関係の特徴を記録する。
 Ⅰ-6 事象を空間的に捉え平面的に記録する。

Ⅱ 分類の基準に基づいて分類する技能
 Ⅱ-1 分類する観点・基準（操作的定義なども含む）に基づいて識別する。
 Ⅱ-2 分類する基準をもとに事象を階層的に比較したり識別したりする。

Ⅲ 観察・実験のための仮説を立てる技能
 Ⅲ-1 観察した事象から生じた疑問や問題を特定する。
 Ⅲ-2 予想や仮説を立てる。
 Ⅲ-3 仮説を立てた根拠を示す。
 Ⅲ-4 予想や仮説を確かめる実験の計画を立てる。
 Ⅲ-5 実験において独立変数を変化させると従属変数がどのように変化していくかについて予想する。
 Ⅲ-6 観察・実験の結果の考察に基づいて、予想や仮説の支持・不支持を明らかにして、必要に応じて予想や仮説を修正する。

Ⅳ 観察・実験で変数を制御する技能
 Ⅳ-1 事象の変化に影響を及ぼす可能性のある独立変数や従属変数を明確にする。
 Ⅳ-2 実験において変化させる独立変数と一定に保つ独立変数を設定する。
 Ⅳ-3 観察・実験の目的に応じて従属変数等を適切な言葉で操作的に定義する。

Ⅴ 観察・実験で測定する技能
 Ⅴ-1 測定の目的に応じて適切な計測器を使用する。
 Ⅴ-2 最小目盛りに着目して正確に数値を読み取る。
 Ⅴ-3 測定値から目的に応じて物理量を計算で求める。
 Ⅴ-4 長さ、面積、体積、質量などの量を見積もったり、測定器具の秤量・感量及び測定誤差を考慮して意味のある測定値（有効数字）を示したりする。
 Ⅴ-5 相対的な位置や物の大きさをスケールを示して図示する。

Ⅵ データを解釈する技能
 Ⅵ-1 表やグラフから縦軸と横軸を関係付けて読み取る。
 Ⅵ-2 測定値の分布、平均値、度数分布等から事象の変化の特徴を読み取る。
 Ⅵ-3 グラフから読み取った事象の変化の傾向に基づき今後の変化を予測する。
 Ⅵ-4 観察した事柄や実験結果についてモデルを使って考察する。
 Ⅵ-5 観察・実験結果について観点を決めて表にまとめる。
 Ⅵ-6 測定結果等をグラフで示す。

Ⅶ 要因の抽出や観察・実験結果について推論する技能
 Ⅶ-1 事象の変化に及ぼす要因を経験・直観等からアブダクション的推論によって推測し、結果を予測する。
 Ⅶ-2 観察の結果や測定結果を帰納的に思考して規則性や共通性を導く。
 Ⅶ-3 原理や法則、規則性を前提として事象について演繹的に思考して結論を導く。

由として挙げられる。このような理由から、小林ら（2013）はSAPAの
プロセス・スキルズを精選・統合して、我が国の理科教育の実情に合うよ
うに作り替え、それに「探究の技能」という名称を与えた（表3-3-3）。
これは、言わば日本版のプロセス・スキルズである。以下に、その概略を
述べる。

　「探究の技能」の作成に当たっては、基礎的プロセスと総合的プロセス
の区別をなくすとともに、科学的な問題解決や探究において重要な要素と
なるスキルは、すべて取り入れることを念頭に置いて検討した。その結
果、「探究の技能」の上位項目として、「Ⅰ　事象を理解・把握するために
観察する技能」、「Ⅱ　分類の基準に基づいて分類する技能」、「Ⅲ　観察・
実験のための仮説を立てる技能」、「Ⅳ　観察・実験で変数を制御する技
能」、「Ⅴ　観察・実験で測定する技能」、「Ⅵ　データを解釈する技能」、
「Ⅶ　要因の抽出や観察・実験結果について推論する技能」を設定した。
これらの上位項目は、「理科」の問題解決の過程の流れに沿って、順に番
号を付した。そして、これら7つの「探究の技能」の下に31の下位項目
を設定した（表3-3-3）。これら31の下位項目に基づいて、それぞれの観
察・実験で用いる「探究の技能」について行動目標の形式で明文化すると
評価規準が作成できる。

(3)　「探究の技能」に基づいた評価規準の検討―中学校理科の実験「ばねに加える力の大きさとばねの伸び」を例として―

　自然の事象を因果関係で捉えることは、理科の見方・考え方の一つであ
る（図3-3-1）。事象に因果関係があれば、原因と考えられる要因（独立
変数）を条件として変化させて、それに伴ってどのように変化（従属変
数）するかを実験で確かめることができる。事象を因果関係で捉えるとい

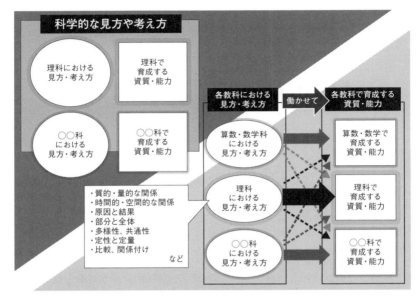

図3-3-1 中央教育審議会教育課程部会理科ワーキンググループが示した「理科の見方・考え方」

う見方・考えを働かせて、思考力・判断力・表現力等を育成するにはエネルギー領域の実験が最も適している。

ここでは、中学校理科の実験「ばねに加える力の大きさとばねの伸び」を取り上げ、「原因と結果」の見方・考え方を働かせて思考力・判断力・表現力等を育成する実践を想定して、7つの「探究の技能」のもとに設定された31の下位項目に基づいた評価規準の作成の仕方について述べる。

まず、「Ⅰ 事象を理解・把握するために観察する技能」についてであるが、この上位項目については評価規準を設定しなかった。もちろんその下位項目「Ⅰ-1 五感を通して得た事象のようすや性質等を記録する。」等についても評価規準を設定しようと思えば可能であるが、この実験では

なく他の観察において指導と評価を行うことが適切であると判断したためである。「Ⅱ　分類の基準に基づいて分類する技能」についても同様の考えで、評価規準を設定しなかった。「Ⅲ　観察・実験のための仮説を立てる技能」の「Ⅲ-2　予想や仮説を立てる。」については、「ばねを引く力の大きさとばねののびの間にはどのような関係があるか仮説を立てることができる。」、「Ⅲ-3　仮説を立てた根拠を示す。」については「物体に力を加えたときの形の変化のようすに着目し、仮説の根拠を示すことができる。」、「Ⅲ-4　予想や仮説を確かめる実験の計画を立てる。」については、「ばねに加える力の変え方とばねののびの測定の仕方を計画できる。」、「Ⅲ-5　実験において独立変数を変化させると従属変数がどのように変化していくかについて予想する。」については、「ばねAの実験結果から、ばねBのばねののびについて予想することができる。」等を設定した。「Ⅳ　観察・実験で変数を制御する技能」は、下位項目「Ⅳ-1　事象の変化に影響を及ぼす可能性のある独立変数や従属変数を明確にする。」について、「ばねののびに影響を及ぼす変数として、力の大きさやばねの強さを指摘することができる。」、「Ⅳ-2　実験において変化させる独立変数と一定に保つ独立変数を設定する。」については、「力の大きさ、ばねの強さ以外を一定に保つ変数として設定することができる。」、「Ⅳ-3　観察・実験の目的に応じて従属変数等を適切な言葉で操作的に定義する。」については、「ばねののびを力の大きさで定義することができる。」等を設定した。「Ⅴ　観察・実験で測定する技能」の下位項目「Ⅴ-1　測定の目的に応じて適切な計測器を使用する。」については、「定規を正しく扱い、ばねののびのを測定することができる。」、「Ⅴ-2　最小目盛りに着目して正確に数値を読み取る。」については、「定規を最小目盛りまで正確に読み取ることができる。」、「Ⅴ-4　長さ、面積、体積、質量などの量を見積もったり、測定器

表3-3-4 中学校理科の実験「ばねに加える力の大きさとばねの伸び」における「探究の技能」の評価規準の例

		「探究の技能」の下位項目	評価規準
観察する技能	I-1	五感を通して得た事象のようすや性質等を記録する。	
	I-2	数値を用いて観察したことを記録する。	
	I-3	観察した事象の変化のようすや変化の特徴を記録する。	
	I-4	立体や平面の図を使用して観察した事象を記録する。	
	I-5	事物の構造や位置関係の特徴を記録する。	
	I-6	事象を空間的に捉え平面的に記録する。	
分類する技能	II-1	分類する観点・規準（操作的定義なども含む）に基づいて識別する。	
	II-2	分類する規準をもとに事象を階層的に比較したり識別したりする。	
仮説を立てる技能	III-1	観察した事象から生じた疑問や問題を特定する。	
	III-2	予想や仮説を立てる。	ばねを引く力の大きさとばねののびの間にはどのような関係があるかについて仮説を立てることができる。
	III-3	仮説を立てた根拠を示す。	物体に力を加えたときの形の変化のようすに着目して仮説の根拠を示すことができる。
	III-4	予想や仮説を確かめる実験の計画を立てる。	ばねに加える力の変え方とばねののびの測定の仕方を計画できる。
	III-5	実験において独立変数を変化させると従属変数がどのように変化していくかについて予想する。	ばねAの実験結果から、ばねBのばねののびについて予想することができる。
	III-6	観察・実験の結果の考察に基づいて、予想や仮説の不支持を明らかにして、必要に応じて予想や仮説を修正する。	
変数を制御する技能	IV-1	事象の変化に影響を及ぼす可能性のある独立変数や従属変数を明確にする。	ばねののびに影響を及ぼす変数として、力の大きさやばねの強さを指摘することができる。
	IV-2	実験において変化させる独立変数と一定に保つ独立変数を設定する。	力の大きさ、ばねの強さ以外を一定に保つ変数として設定することができる。
	IV-3	観察・実験の目的に応じて従属変数等を適切な言葉で操作的に定義する。	ばねののびを力の大きさで定義することができる。
測定する技能	V-1	測定の目的に応じて適切な計測器を使用する。	定規を正しく扱い、ばねののびを測定することができる。
	V-2	最小目盛りに着目して正確に数値を読み取る。	定規を最小目盛りまで正確に読み取ることができる。
	V-3	測定値から目的に応じて物理量を計算で求める。	
	V-4	長さ、面積、体積、質量などの量を見積もったり、測定器具の秤量・感量及び測定誤差を考慮して意味のある測定値（有効数字）を示したりする。	測定誤差を考慮して、力の大きさとばねののびの関係のグラフを直線で描くことができる。
	V-5	相対的な位置や物の大きさをスケールを示して図示する。	
解釈する技能	VI-1	表やグラフから縦軸と機軸を関係付けて読み取る。	力の大きさを変化させたときのばねののびの変化をグラフから読み取ることができる。
	VI-2	測定値の分布、平均値、度数分布等から事象の変化の特徴を読み取る。	ばねののびの測定値から、力の大きさとばねののびは比例する関係にあることを読み取ることができる。
	VI-3	グラフから読み取った事象の変化の傾向に基づき今後の変化を予測する。	力の大きさとばねののびが比例関係にあることから、測定点以外についても予測することができる。
	VI-4	観察した事柄や実験結果についてモデルを使って考察する。	
	VI-5	観察・実験結果について観点を決めて表にまとめる。	おもりの数を変化させたときの力の大きさ、ばねののびを表にまとめることができる。
	VI-6	測定結果等をグラフで示す。	
推論する技能	VII-1	事象の変化に及ぼす要因を経験・直観等からアブダクション的推論によって推測し、結果を予測する。	
	VII-2	観察の結果や測定結果を帰納的に思考して規則性や共通性を導く。	実験結果から、ばねののびはばねに加わる力の大きさに比例することを導くことができる。
	VII-3	原理や法則、規則性を前提として事象について演繹的に思考して結論を導く。	

第三章　小学校・中学校教育における新学習指導要領と21世紀型教育の核心　99

具の秤量・感量及び測定誤差を考慮して意味のある測定値（有効数字）を示したりする。」については、「測定誤差を考慮して、力の大きさとばねののびの関係のグラフを直線で描くことができる。」を設定した。「Ⅵ　データを解釈する技能」の下位項目「Ⅵ-1　表やグラフから縦軸と横軸を関係付けて読み取る。」については、「力の大きさを変化させたときのばねののびの変化をグラフから読み取ることができる。」、「Ⅵ-2　測定値の分布、平均値、度数分布等から事象の変化の特徴を読み取る。」については、「ばねののびの測定値から、力の大きさとばねののびは比例関係にあることを読み取ることができる。」、「Ⅵ-3　グラフから読み取った事象の変化の傾向に基づき今後の変化を予測する。」については、「力の大きさとばねののびが比例関係にあることから、測定点以外についても予測することができる。」、「Ⅵ-5　観察・実験結果について観点を決めて表にまとめる。」については、「おもりの数を変化させたときの力の大きさ、ばねののびを表にまとめることができる。」を設定した。「Ⅶ　要因の抽出や観察・実験の結果について推論する技能」の下位項目「Ⅶ-2　観察の結果や測定結果を帰納的に思考して規則性や共通性を導く。」については、「実験結果から、ばねののびはばねに加わる力の大きさに比例することを導くことができる。」を設定した。

　次に、上述した「探究の技能」の評価規準を中央教育審議会答申において示された理科において育成すべき資質・能力と対応させてみた（表3-3-5）。一つ目の「自然事象の中に問題を見いだして仮説を設定する力」は、「探究の技能」の「Ⅰ　事象を理解・把握するために観察する技能」、「Ⅱ　分類の基準に基づいて分類する技能」、「Ⅲ　観察・実験のための仮説を立てる技能」と対応させることができる。二つ目の「計画をたて、目的意識をもって観察・実験する力」は、「Ⅳ　観察・実験で変数を制御す

表3-3-5 SAPAのプロセス・スキルズを精選統合して作成した「探究の技能」の上位項目と理科において育成すべき資質・能力の「思考力・判断力・表現力等」の対応

SAPAのプロセス・スキルズを精選統合して作成した「探究の技能」の上位項目	「思考力・判断力・表現力等」
Ⅰ 事象を理解・把握するために観察する技能 Ⅱ 分類の基準に基づいて分類する技能 Ⅲ 観察・実験のための仮説を立てる技能	自然事象の中に問題を見いだして仮説を設定する力
Ⅳ 観察・実験で変数を制御する技能 Ⅴ 観察・実験で測定する技能	計画をたて、目的意識をもって観察・実験する力
Ⅵ データを解釈する技能 Ⅶ 要因の抽出や観察・実験結果について推論する技能	得られた結果を分析して解釈するなど、科学的に探究する力と科学的な根拠をもとに表現する力
Ⅰ 事象を理解・把握するために観察する技能 Ⅱ 分類の基準に基づいて分類する技能 Ⅲ 観察・実験のための仮説を立てる技能 Ⅳ 観察・実験で変数を制御する技能 Ⅴ 観察・実験で測定する技能 Ⅵ データを解釈する技能 Ⅶ 要因の抽出や観察・実験結果について推論する技能	探究の過程における妥当性を検討するなど総合的に振り返る力

る技能」と「Ⅴ 観察・実験で測定する技能」を対応させることができる。三つ目の、「得られた結果を分析して解釈するなど、科学的に探究する力と科学的な根拠をもとに表現する力」は、「Ⅵ データを解釈する技能」と「Ⅶ 要因の抽出や観察・実験結果について推論する技能」を対応させることができる。四つ目の「探究の過程における妥当性を検討するなど総合的に振り返る力」は、「Ⅰ 事象を理解・把握するために観察する技能」、「Ⅱ 分類の基準に基づいて分類する技能」、「Ⅲ 観察・実験のための仮説を立てる技能」、「Ⅳ 観察・実験で変数を制御する技能」、「Ⅴ 観察・実験で測定する技能」、「Ⅵ データを解釈する技能」、「Ⅶ 要因の抽出や観察・実験結果について推論する技能」のすべてについて対応させることができる。

つまり、中央教育審議会答申で示された理科において育成すべき資質・

第三章　小学校・中学校教育における新学習指導要領と 21 世紀型教育の核心　　101

能力の評価規準は、「探究の技能」に基づいて設定した評価規準で評価が
可能である。

(4)　「探究の技能」の評価規準を理科において育成すべき資質・能力の「思考力・判断力・表現力等」の評価規準と対応させる手立て

　中央教育審議会答申で示された、理科において育成すべき資質・能力の
「思考力・判断力・表現力等」の評価規準は、どのように設定すればよい
のだろうか。

　ここでは、表 3-3-4 で示した中学校 1 年生のエネルギー領域の実験「ば
ねに加える力と伸びとの関係を調べる実験」の評価規準を表 3-3-5 に対応
させた結果について述べる（表 3-3-6）。一つ目の「自然事象の中に問題
を見いだして仮説を設定する力」については、「Ⅲ-2　ばねを引く力の大
きさとばねののびの間にはどのような関係があるかについて仮説を立てる
ことができる。」、「Ⅲ-3　物体に力を加えたときの形の変化のようすに着
目して仮説の根拠を示すことができる。」、「Ⅲ-4　ばねののびに影響を及
ぼす変数として、力の大きさやばねの強さを指摘することができる。」、
「Ⅲ-5　ばね A の実験結果から、ばね B のばねののびについて予想するこ
とができる。」を対応させることができる。

　二つ目の「計画をたて、目的意識をもって観察・実験する力」について
は、「Ⅲ-4　ばねに加える力の変え方とばねののびの測定の仕方を計画で
きる。」、「Ⅳ-1　ばねののびに影響を及ぼす変数として、力の大きさやば
ねの強さを指摘することができる。」、「Ⅳ-2　力の大きさ、ばねの強さ以
外を一定に保つ変数として設定することができる。」、「Ⅳ-3　ばねののび
を力の大きさで定義することができる。」、「Ⅴ-1　定規を正しく扱い、ば

102

表3-3-6 理科において育成すべき資質・能力の「思考力・判断力・表現力 等」の評価規準の設定の仕方―「ばねに加える力と伸びとの関係を 調べる実験」を例として―

理科における 「思考力・判断力・表現力等」	「ばねに加える力の大きさとばねの伸び」における 「探究の技能」の評価規準
自然事象の中に問題を見いだして仮説を設定する力	Ⅲ-2 ばねを引く力の大きさとばねののびの間にはどのような関係があるかについて仮説を立てることができる。 Ⅲ-3 物体に力を加えたときの形の変化のようすに着目して仮説の根拠を示すことができる。 Ⅲ-4 ばねののびに影響を及ぼす変数として、力の大きさやばねの強さを指摘することができる。 Ⅲ-5 ばねAの実験結果から、ばねBのばねののびについて予想することができる。
計画をたて、目的意識をもって観察・実験する力	Ⅲ-4 ばねに加える力の変え方とばねののびの測定の仕方を計画できる。 Ⅳ-1 ばねののびに影響を及ぼす変数として、力の大きさやばねの強さを指摘することができる。 Ⅳ-2 力の大きさ、ばねの強さ以外を一定に保つ変数として設定することができる。 Ⅳ-3 ばねののびを力の大きさで定義することができる。 Ⅴ-1 定規を正しく扱い、ばねののびを測定することができる。 Ⅴ-2 定規を最小目盛りまで正確に読み取ることができる。
得られた結果を分析して解釈するなど、科学的に探究する力と科学的な根拠をもとに表現する力	Ⅵ-1 力の大きさを変化させたときのばねののびの変化をグラフから読み取ることができる。 Ⅵ-2 ばねののびの測定値から、力の大きさとばねののびは比例関係にあることを読み取ることができる。 Ⅵ-3 力の大きさとばねののびが比例関係にあることから、測定点以外についても予測することができる。 Ⅵ-5 おもりの数を変化させたときの力の大きさ、ばねののびを表にまとめることができる。
探究の過程における妥当性を検討するなど総合的に振り返る力	上記の各評価規準に基づいて探究の過程を振り返ることができる。

ねののびを測定することができる。」、「Ⅴ-2　定規を最小目盛りまで正確に読み取ることができる。」を対応させることができる。

　三つ目の「得られた結果を分析して解釈するなど、科学的に探究する力と科学的な根拠をもとに表現する力」については、「Ⅵ-1　力の大きさを変化させたときのばねののびの変化をグラフから読み取ることができる。」、「Ⅵ-2　ばねののびの測定値から、力の大きさとばねののびは比例関係にあることを読み取ることができる。」、「Ⅵ-3　力の大きさとばねの

のびが比例関係にあることから、測定点以外についても予測することができる。」、「Ⅵ-5　おもりの数を変化させたときの力の大きさ、ばねののびを表にまとめることができる。」を対応させることができる。

　四つ目の「探究の過程における妥当性を検討するなど総合的に振り返る力」については、「上記の各評価規準に基づいて探究の過程を振り返ることができる。」とすることができる。

　以上のように、プロセス・スキルズを精選・統合して作成した「探究の技能」の7つの上位項目に基づいて設定した評価規準は、中央教育審議会答申が示した理科の「思考力・判断力・表現力等」の評価規準と矛盾なく対応させることができる。

　例として取りあげた実験は、平成20年告示の学習指導要領に準拠した教科書に掲載されているものである。特に新奇性のない実験について、これからの時代に求められるに求められる理科の「思考力・判断力・表現力等」の評価規準が作成できたことから、従前から取りあげられている学習内容であっても、資質・能力の育成の視点から捉え直すことにより、新たな教育的意義を見いだせることを示すものと言えよう。

(5)　生徒の力で問題を見いだして仮説を設定する力を育成する指導法—「ばねに加える力と伸びとの関係を調べる実験」を例として—

　生徒に理科の観察・実験に取り組ませる初発の段階で最も大切なことは、問題を見いだし仮説を設定することである。一方で、その指導はたいへん難しいのではないだろうか。ここでは、教師の事象提示を受けて生徒が自分の力で問題を見いだして仮説の設定に至るまでの指導方略について述べる。

1) 教師による事象提示と問題の発見

　教師の事象提示は生徒が問題を見いだす上でたいへん重要である。角屋（2005）は事象提示のポイントとして、「児童の興味・関心を高めること」、「児童の経験や考えを引き出すこと」、「児童が事象について考えたくなること」、「とらえさせるべきことが明確であること」、「学習展開の方向性を考慮すること」の５点を挙げている。

　このうち、「とらえさせるべきことが明確であること」については、「どのような事象提示をするか考える際、単に「児童がとても驚く事象だから」とか「子供の関心を引き付けるから」といった理由を優先すると、学習すべき内容から外れた事象提示となってしまうことがある。」と事象提示に当たって注意すべき点を指摘している。そして、「事象提示は、「児童に何をとらえさせるべきか」を十分に考慮したものにしていく必要がある。」とも述べている。つまり、どれだけ関心や興味が高まったとしても、「なぜだろう」や「不思議だな」という素朴な疑問を持つ段階で留まっていたのでは、実験で検証できる問題を見いだすことができず、探究にはつながっていかないということである。

　中学校理科の「ばねに加える力の大きさとばねの伸び」の関係を調べる実験は、ばねに加える力の大きさ（独立変数）とばねの伸び（従属変数）との関係を調べることを目的とした実験である。したがって、事象提示において気をつけなければならないのは、教師から提示された事象から従属変数と独立変数を同定できるかどうかという点である。生徒が自分の力で従属変数と独立変数を同定し、両者の関係を問う問題を文で表現できたとき問題を見いだしたと言えるのである。

2) 問題の設定から仮説の立案までの指導の実際

　中学校理科の「ばねに加える力の大きさとばねの伸び」の関係を調べる

実験は、基本的な内容である。だからこそ理科教育におけるこの実験の意義が大きいのである。それは、理科の見方・考え方を働かせて資質・能力をどのように育成するかを考えたときに、より明確になる。つまり、表3-3-6 に示したように「探究の技能」に基づいて評価規準を考えてみると、「思考力・判断力・表現力等」の育成に資することができる実験であることが分かる。したがって、この実験では問題の設定から仮説の立案までの指導をていねいに行う必要があるし、その意義は大きい。

　生徒に問題を見いださせる事象提示としては、エキスパンダー等のばねを用いた器具を生徒に持たせ、引くと伸びるという因果関係に着目させることが大切である。次に、ばねを引くということは、力を加えることであることに気付かせ、ばねに加える力とばねののびとの間にどのような関係があるのかを問う問題を生徒に設定させるのである。例えば、「ばねののびとばねに加える力との間にはどのような関係があるのだろうか。」という問いを立てたとする。この問いには、従属変数としての「ばねののび」と独立変数としての「ばねに加える力」の両方が含まれており、実験で検証できる問題になっている。従属変数と独立変数の関係を調べることが表現された問題になっていると作業仮説の設定が容易になる。

　次に、The Four Question Strategy（4QS）を用いた仮説の設定の仕方を述べる。まず、The Four Question Strategy（4QS）について簡単に説明しておく。4QS は、児童・生徒に自ら仮説を設定させる指導の方略とそれを具体化した仮説設定シートの両方を指す名称である。仮説設定シートは、STEP1 から STEP4 の四段階の問いで構成されている。STEP1 は、変化する事象を従属変数として簡潔に記述させる段階である。STEP2 は、従属変数に影響を及ぼす独立変数に気付かせる段階である。STEP3 は、STEP2 で挙げた独立変数を実験条件としてどのように変化させるのかを

考えさせる段階である。STEP4 は、STEP1 で挙げた従属変数を数量とし
てあらわす方法を考えさせる段階である。このように、仮説設定シートは
四つの STEP で構成され、最後に STEP3 と STEP4 とを関連付けて「…
すれば、…は、…になる」というように仮説を記述させることができる（図
3-3-2)。なお、4QS における STEP1、STEP2 で同定される従属変数、独
立変数は、事象提示を受けた後の「説明仮説の発案（変数の同定）」であ
る。そして、変数の同定に至る思考過程は、アブダクションによるもので
ある。そして、STEP3 と STEP4 を関連させて、作業仮説である「私の
仮説」を記述させる（図 3-3-2)。作業仮説を設定する思考過程は、パー
スの科学的探究の過程の第二段階「アブダクションによって提案された仮
説から、必然的に導かれる結果を追究する」に相当し、つまり演繹と言え
る。4QS を用いて、STEP3 と STEP4 を関連付けて「…すれば、…は、…
になる」というように文章化させた仮説は作業仮説である。

　次に、「ばねののびとばねに加える力との間にはどのような関係がある
のだろうか。」という問いについて、4QS で仮説を設定する際の具体につ
いて述べる。STEP1 には従属変数の「ばねののび」を記入する。独立変
数を記入する STEP2 には「ばねに加える力」、「ばねの強さ」等を記入す
る。STEP3 には、STEP2 で同定した変数を実験の条件として具体的にど
のように変えるかを「10㌘ (0.1N) のおもりを 1 個、2 個と増やす」等の
ように記入する。従属変数をどのようにして測定するかを記入する
STEP4 には「のびたばねの長さからもとの長さを差し引く」等と記入す
る。そして、STEP3 と STEP4 を関連付けて一文にすると「10㌘ (0.1N)
のおもりを 1 個、2 個と増やすと、ばねは正比例で伸びる」等の作業仮説
が設定できる。

第三章　小学校・中学校教育における新学習指導要領と21世紀型教育の核心　　107

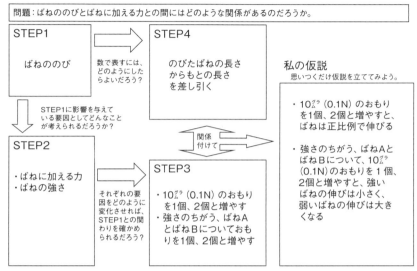

図3-3-2　中学校理科第1学年の実験「ばねに加える力の大きさとばねの伸び」
における The Four Question Strategy（4QS）のシートへの記入例

3） The Four Question Strategy（4QS）を用いた指導の効果

　The Four Question Strategy（4QS）は、事象を従属変数と独立変数の関係に着目して生徒の力で作業仮説を設定できるようにする指導法である。生徒が従属変数と独立変数を同定して、「…すれば、…は、…になる」という作業仮説を立てられるように支援した後、グラフの描き方や考察の仕方のポイントを指導するだけで、生徒の実験に取り組む姿勢やグラフの作成や分析・解釈の能力の定着、観察・実験を振り返る力が大幅に改善されることが、古川らによって報告されている（古川・小林、2016）。

　古川らはグラフ作成能力を評価するために設定した基準（表3-3-7）に基づいて生徒が作成したグラフを評価したところ、完全回答できた生徒の割合は、事後で59%、約2ヶ月後の遅延で66%であり、有意な低下が認

められなかったことから、学習効果が保持されたと考えられると述べている。

　また、「これから何を調べるのか、考えるようにしている。」、「計画通りに進んでいるかどうか、確認するようにしている。」、「次に何をするのか考えながら、観察や実験をするようにしている。」等の観察・実験を振り返る力については、すべての項目で有意な上昇が見られたことから、事象を変数で捉えさせる指導により、探究すべきことが明確になり、生徒が実験の見通しを持ちやすくなるのではないかと述べている。

(6) 「理科における見方・考え方」を実践レベルで具現化した「探究の技能」の評価規準

　「探究の技能」の7つの上位項目とその下に設定された31の下位項目は、中央教育審議会答申が示した「理科における見方・考え方」を授業における評価で活用できるレベルで示したものと捉えることができると考えられる。そこで、ここでは答申が示した「理科の見方」である「質的・量的な関係」、「時間的・空間的な関係」、「原因と結果」、「部分と全体」、「多

表3-3-7　グラフ作成能力に関する評価基準

①軸の設定（横軸：独立変数としての「力の大きさ」、縦軸：従属変数としての「ばねの伸び」）
②横軸の適切な目盛り設定（目盛りを等間隔に設定）
③横軸の名称（力の大きさ）
④横軸の単位（N）
⑤縦軸の適切な目盛り設定（目盛りを等間隔に設定）
⑥縦軸の名称（ばねの伸び）
⑦縦軸の単位（cm）
⑧原点の記入
⑨測定値のプロット（測定値を●や×で正確に記入）
⑩曲線または直線の見極め（原点を通る直線）

第三章　小学校・中学校教育における新学習指導要領と 21 世紀型教育の核心　　109

様性、共通性」、「定性と定量」と「理科の考え方」である「比較、関係付け」を、中学校第 3 学年の観察「月の形と見える位置」の探究の過程に位置づけた後、その過程で育成できる資質・能力を評価する規準を、「探究の技能」の下位項目に基づいて設定し、どのように対応するかを述べる。

　観察「月の形と見える位置」の探究の過程は、図 3-3-3 のようにまとめることができる。まず、問題の設定であるが、ここでは教師の適切な事象提示により生徒が自分の力で「月の見え方は、どのように変化するのだろう。」という問題を設定したものとして、その後の探究の過程に「理科の見方・考え方」を位置づけてみる。生徒が設定した問題を受けて、問題解決の仕方を考える場面では、見方・考え方を働かせて「質的・量的な関係で捉えられるだろうか？」、「時間的・空間的関係で捉えられるだろうか？」、「原因と結果の関係で捉えられるだろうか？」、「定性と定量で捉えられるだろうか？」等の見方を持てるような指導・助言が必要となる。観察をして記録をとる場面では、「月の形の変化は言葉を使って量的に捉えよう」、「時刻や観察者・月・太陽の位置関係で捉えよう」、「月の形の変化は、何が原因で起こるのか考えよう」等のような観察の観点を持てるような指導・助言が必要となろう。観察結果の考察の場面においても見方・考え方を働かせて、「観察した事がらを時間的・空間的に関係付けて考察しよう」、「観察した事がらを原因と結果の関係で関係付けて考察しよう」、「観察した結果を比較したり関係付けたりして考察しよう」等の考え方を持たせるようにしたい。結果の考察から、月の満ち欠けの規則性を見いだしたならば、新たな問題として「他の天体にも月のように満ち欠けするものがあるのだろうか？」を見いだせるように指導・助言を行えば、「多様性、共通性」の見方・考え方を働かせて、次の探究の過程へとつなぐことができるとともに、学びを深めることができる。

図3-3-3 中学校第3学年の観察「月の形と見える位置」の探究の過程における「理科の見方・考え方」の働かせ方

　次に、このような探究の過程で育成できる資質・能力の評価規準を「理科の見方・考え方」の観点から検討して見る。「質的・量的な関係」の見方は、「Ⅰ-4　立体や平面の図を使用して観察した事象を記録する。」について「月の全体に対する光っている部分と影の部分との割合に着目してスケッチすることができる。」という評価規準が設定できる。「時間的・空間的な関係」の見方は、「Ⅰ-3　観察した事象の変化のようすや変化の特徴を記録する。」について「数日間、同じ時刻に月を観察し、月の位置や形の変化のようす、1時間ごとの月の位置や形を記録することができる。」、また「Ⅰ-5　事物の構造や位置関係の特徴を記録する。」について「月の形を観察者、月、太陽の位置と関係付けて記録できる。」という評価規準が設定できる。「原因と結果」は、「Ⅵ-1　事象の変化に影響を及ぼす可能性のある独立変数や従属変数を明確にする。」について「月の形の変化を従属変数、観測者と月と太陽の位置を結んだ線でなす角度を独立変数としてとらえることができる。」という評価規準が設定できる。「部分と全体」は、「Ⅰ-4　立体や平面の図を使用して観察した事象を記録する。」について「月の全体に対する光っている部分と影の部分との割合に着目してスケッチすることができる。」という評価規準が設定できる。「多様性、共通

第三章　小学校・中学校教育における新学習指導要領と 21 世紀型教育の核心　　111

性」は、「Ⅲ-1　観察した事象から生じた疑問や問題を特定する。」について「他の天体について月のように満ち欠けするものや満ち欠けしないものがあるのかについて、新たな問いを見いだすことができる。」という評価規準が設定できる。「定性と定量」は、「Ⅰ-4　立体や平面の図を使用して観察した事象を記録する。」について「月の全体に対する光っている部分と影の部分との割合に着目してスケッチすることができる。」という評価規準が設定できる。「比較、関係付け」の考え方は、「Ⅶ-2　観察の結果や測定結果を帰納的に思考して規則性や共通性を導く。」について「月の見え方の観察結果を観測者、月、太陽がなす位相角と関係付けて比較して月の形の変化の規則性を導くことができる。」という評価規準が設定できる。

　以上、観察「月の形と見える位置」の探究の過程に「理科の見方・考え方」を位置づけるとともに、それらを働かせて育成できる資質・能力の評価規準を「探究の技能」に基づいて設定できることを述べた。観察「月の形と見える位置」の探究の過程では、例として示された「理科の見方・考え方」の全てを位置づけることができた。しかし、すべての観察・実験において図 3-3-1 の「理科の見方・考え方」のすべてを位置づけられるものではない。エネルギー領域、粒子領域、生命領域のそれぞれに特徴的な見方・考え方が反映されることに注意する必要がある。

（7）　おわりに

　中央教育審議会答申では、主体的、対話的、深い学び（アクティブ・ラーニング）の視点からの学習過程の改善が求められている。

　本節では、理科において育成すべき資質・能力の「思考力・判断力・表現力等」の育成に関わる評価規準の設定の仕方について紙面の大半を費やした。これは、主体的、対話的、深い学び（アクティブ・ラーニング）を

112

表3-3-8 中学校第3学年の観察「月の形と見える位置」における「理科における見方・考え方」と「探究の技能」の下位項目に基づいた評価規準との対応

理科における 見方・考え方	「探究の技能」の下位項目
質的・量的な 関係	Ⅰ-4 立体や平面の図を使用して観察した事象を記録する。
	月の全体に対する光っている部分と影の部分との割合に着目してスケッチすることができる。
時間的・空間的 な関係	Ⅰ-3 観察した事象の変化のようすや変化の特徴を記録する。
	数日間、同じ時刻に月を観察し、月の位置や形の変化のようすや1時間ごとの月の位置や形を記録することができる。
	Ⅰ-5 事物の構造や位置関係の特徴を記録する。
	月の形を観察者、月、太陽の位置と関係付けて記録できる。
原因と結果	Ⅳ-1 事象の変化に影響を及ぼす可能性のある独立変数や従属変数を明確にする。
	月の形の変化を従属変数、観測者と月と太陽の位置を結んだ線でなす角度（位相角）を独立変数としてとらえることができる。
部分と全体	Ⅰ-4 立体や平面の図を使用して観察した事象を記録する。
	月の全体に対する光っている部分と影の部分との割合に着目してスケッチすることができる。
多様性、共通性	Ⅲ-1 観察した事象から生じた疑問や問題を特定する。
	他の天体について月のように満ち欠けするものや満ち欠けしないものがあるのかについて、新たな問いを見いだすことができる。
定性と定量	Ⅰ-4 立体や平面の図を使用して観察した事象を記録する。
	月の全体に対する光っている部分と影の部分との割合に着目してスケッチすることができる。
比較、関係付け	Ⅶ-2 観察の結果や測定結果を帰納的に思考して規則性や共通性を導く。
	月の見え方の観察結果を観測者、月、太陽がなす位相角と関係付けて比較したり関係付けたりして月の形の変化の規則性を導くことができる。

実現するためには、深い学びを資質・能力の育成の観点から捉え直す上で、評価の規準を明確に持つことが大切であると考えたからである。

　事例として取り上げた中学校理科の「ばねに加える力の大きさとばねの伸び」の関係を調べる実験は、基本的なものである。しかし、教師が評価

第三章　小学校・中学校教育における新学習指導要領と 21 世紀型教育の核心　　113

の規準を明確にして、生徒が観察・実験で検証できる問題を見いだせるよう意図した事象提示を行った後に、生徒の力で問題を明文化させるとともに作業仮説を設定させて実験に取り組ませることで、生徒の学びに向かう姿は著しく改善される。また、生徒が問題を見い出し仮説を設定する段階の指導・助言を適切に行うことで、実験結果の分析・解釈の指導が容易になるとともに、生徒の確実な理解が期待できるようになることを述べた。

　また、中央教育審議会教育課程部会理科ワーキンググループが示した「理科の見方・考え方」を探究の過程で、どのように働かせるかについて述べるとともに、育成すべき資質・能力の評価規準を「探究の技能」に基づいて設定できることを述べた。結論的に述べるならば、「理科の見方・考え方」を実践レベルで具現化したものが「探究の技能」に基づく評価規準ということになる。

文献

文部科学省（2016）幼稚園、小学校、中学校、高等学校及び特別支援学校の学習指導要領等の改善及び必要な方策等について（答申）（中教審第 197 号）. http://www.mext.go.jp/b_menu/shingi/chukyo/chukyo0/toushin/1380731.htm

角屋直樹（2005）「理科の学ばせ方・教え方事典」. 教育出版. p.88. 2005.

長谷川直紀・吉田裕・関根幸子・田代直幸・五島政一・稲田結美・小林辰至（2013）「小・中学校の理科教科書に掲載されている観察・実験等の類型化とその探究的特徴―プロセス・スキルズを精選・統合して開発した「探究の技能」に基づいて―」. 理科教育学研究. 54（2）. pp.225-247. 2013.

古川俊輔・小林辰至（2016）「理科におけるグラフ作成及び分析解釈の能力の育

成に関する実践的研究」. 日本理科教育学会第 66 回全国大会論文集. p.140.

4 小学校・中学校「総合的な学習の時間」：探究のプロセスの充実と育成が期待される資質・能力

（1） 小中学校　総合的な学習の時間

1）　21 世紀の社会に求められる人材

　平成 26 年 11 月 20 日に「初等中等教育における教育課程の基準等の在り方について」として文部科学大臣から諮問文が出された。ここから学習指導要領の改訂に向けての本格的な議論が始まった。この諮問文の冒頭に，これらの社会の変化と求められる人材について以下のように端的に示されている。

　「今の子供たちやこれから誕生する子供たちが，成人して社会で活躍する頃には，我が国は，厳しい挑戦の時代を迎えていると予想されます。生産年齢人口の減少，グローバル化の進展や絶え間ない技術革新等により，社会構造や雇用環境は大きく変化し，子供たちが就くことになる職業の在り方についても，現在とは様変わりすることになるだろうと指摘されています。また，成熟社会を迎えた我が国が，個人と社会の豊かさを追求していくためには，一人一人の多様性を原動力とし，新たな価値を生み出していくことが必要となります。

　我が国の将来を担う子供たちには，こうした変化を乗り越え，伝統や文化に立脚し，高い志や意欲を持つ自立した人間として，他者と協働しながら価値の創造に挑み，未来を切り開いていく力を身に付けることが求められます。

　そのためには，教育の在り方も一層の進化を遂げなければなりません。個々人の潜在的な力を最大限に引き出すことにより，一人一人が互いを認め合い，尊重し合いながら自己実現を図り，幸福な人生を送れるようにす

るとともに，より良い社会を築いていくことができるよう，初等中等教育
における教育課程についても新たな在り方を構築していくことが必要で
す。」

　このことと同様の指摘は，平成 26 年 12 月 22 日の中央教育審議会答申
「新しい時代にふさわしい高大接続の実現に向けた高等学校教育，大学教
育，大学入学者選抜の一体的改革について」にも示されている。すなわ
ち，グローバル社会，情報化社会，知識基盤社会などとする社会の変化に
ついては，議論を待つ必要は無く，私たちはこれまでに経験したことのな
いような変化の中，21 世紀の社会の求められる人材の育成に向けてモデ
ル無き教育改革にチャレンジしていかなければならないこととなる。

　では，21 世紀に求められる新しい教育においては，どのような人材育
成を目指せばよいのだろうか。このことに関しては，先に紹介した諮問文
の中に，以下のように示されている。

　「他者と協働しながら価値の創造に挑み，未来を切り開いていく力を身
に付けること」（アンダーラインは筆者）

　つまり，これからの教育には，「能力の育成」と「知の創造」が重要に
なると考えられる。

　そのことは日常の暮らしを見つめるだけでも容易に理解できる。誰もが
スマートフォンを持ち，大量の情報が瞬時に手元に届く時代になってき
た。しかも，正しいと思っていた知識や情報が短時間のうちに陳腐化して
しまうことも当たり前になってきた。必死になって，大量の知識や情報を
暗記することの必要性は薄くなり，自ら新たな知を創造することが求めら
れるようになってきている。

　また，そうした社会では，知識や情報は暗記する対象から活用する対象
へと大きく変化してきている。情報と情報を比較・関連付けして考えた

第三章　小学校・中学校教育における新学習指導要領と21世紀型教育の核心　　117

り，情報を相手に応じて分かりやすく伝えたりする，思考力や表現力など
の能力が求められているのである。こうした考えは，社会人基礎力や就職
基礎能力，キー・コンピテンシーや21世紀型スキルなどの国内外の提言
に顕著に表れている。

2)　「能力の育成」と「知の創造」に向けた総合的な学習の時間

　総合的な学習の時間は，こうした「能力の育成」と「知の創造」を実現
するために生まれてきたとも考えることができる。

　総合的な学習の時間は，平成20年の学習指導要領に「自ら課題を見付
け，自ら学び，自ら考え，主体的に判断し，よりよく問題を解決する資質
や能力を育成」し，「問題の解決や探究活動に主体的，創造的，協同的に
取り組む態度を育て」ることを期待して創設された時間と記されている。

　この総合的な学習の時間では，どのような「能力の育成」と「知の創
造」を期待しているのだろうか。育成すべきと期待している能力について

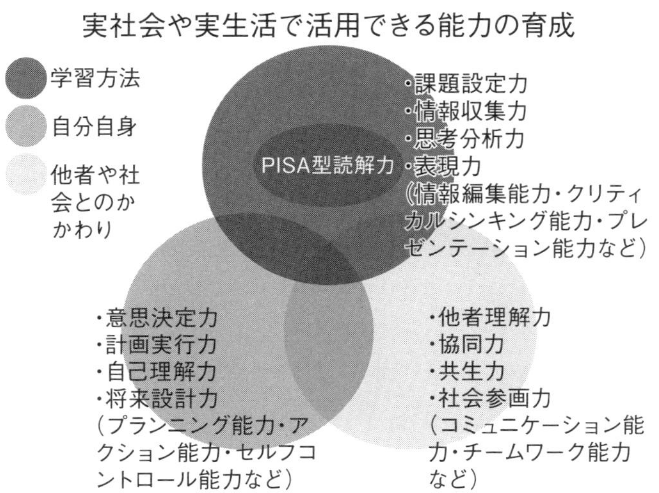

実社会や実生活で活用できる能力の育成

学習方法

自分自身

他者や社会とのかかわり

PISA型読解力

・課題設定力
・情報収集力
・思考分析力
・表現力
（情報編集能力・クリティ
カルシンキング能力・プレ
ゼンテーション能力など）

・意思決定力
・計画実行力
・自己理解力
・将来設計力
（プランニング能力・ア
クション能力・セルフコ
ントロール能力など）

・他者理解力
・協同力
・共生力
・社会参画力
（コミュニケーション能
力・チームワーク能力
など）

図 3-4-1

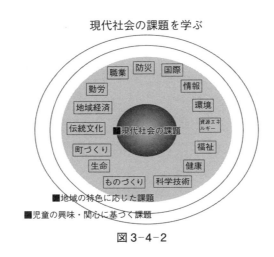

図 3-4-2

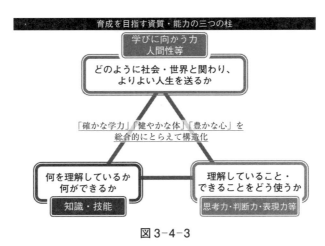

図 3-4-3

は，三つの視点を踏まえて図 3-4-1 のような能力が例示されている。内容については，現代社会の課題など図 3-4-2 のような内容が想定されている。現在行われている学習指導要領の改訂では，こうした「能力の育成」と「知の創造」を育成を目指す資質・能力の三つの柱として図 3-4-3 のよ

第三章　小学校・中学校教育における新学習指導要領と21世紀型教育の核心　　119

うに整理していると考えることができよう。

　重要なポイントは，三つの柱に示されている実社会で活用できる能力や，概念として構成される知の創造を，どのような方法で育成し，獲得するように学習活動を進めていくかにある。その時に重視すべきことは，プロセスを重視することにある。なぜなら，実社会で活用できる能力は，学習活動としてのプロセスが充実することによって存分に発揮され，結果的に自分自身のものとして身に付いていくと考えることができるからである。また，概念として構成されていくには，継続的な学習活動の連続によって，情報と情報とがつながり合い，関連付いていくことが必要だからである。そのためにも，一連の連続した学習活動が行われることが欠かせない。具体的には，「①課題の設定」→「②情報の収集」→「③整理・分析」→「④まとめ・表現」といった探究のプロセスが繰り返し発展的に行われることをイメージしたい。

3)　総合的な学習の時間におけるプロセスの充実

　総合的な学習の時間では，「①課題の設定」→「②情報の収集」→「③整理・分析」→「④まとめ・表現」の探究のプロセスを通して，資質・能力を育成する。この学習過程は，物事の本質を探って見極めようとする一連の知的営みと考えることもできる（図3-4-4）。

　探究のプロセスにおけるそれぞれの学習場面では次のような学習活動が行われることが期待されている。①課題の設定場面では，体験活動などを通して，課題を設定し課題意識を持つことを大切にする。②情報の収集場面では，課題意識や設定した課題を基に，観察，実験，見学，調査，探索，追体験などを行い必要な情報を収集する。③整理・分析場面では，比較したり，分類したり，関連付けたりして，収集した情報を整理したり分析したりする。④まとめ・表現場面では，自分の考えとしてまとめたり，

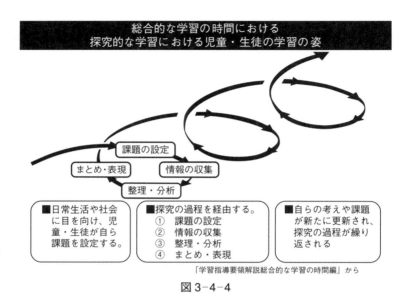

「学習指導要領解説総合的な学習の時間編」から

図3-4-4

他者に伝えたりして表現していく。

　こうした探究のプロセスを意識した学習を行うことは、総合的な学習の時間だけのものではない。次期学習指導要領改訂に向けては、各教科等においていずれも資質・能力を育成するための学習過程の在り方を検討しており、探究のプロセスを参考にした検討がされてきたところである。

　こうした中で、総合的な学習の時間の特質は、探究のプロセスにおいて、各教科等の見方・考え方を総合的に活用し、広範な事象を多様な角度から俯瞰して捉え、実社会・実生活の課題を探究し、自己の生き方を問い続けることにある。総合的な学習の時間において各教科等の特質に応じて育まれた見方・考え方を総合的に活用して探究的な学習を行うことにより、各教科等の見方・考え方と総合的な学習の時間の見方・考え方が相互に関連し合いながら確かなものになっていくと考えることができる。

第三章　小学校・中学校教育における新学習指導要領と 21 世紀型教育の核心　　121

　①課題の設定は，問題状況の中から課題を発見し設定し，解決の方法や
手順を考え，見通しを持って計画を立てることである。実社会や実生活と
の関わりから見出される課題の多くは，答えが多様で正解の定まらない問
いといった性質のものである。また，事象から課題を発見する際には，例
えば，科学技術と環境に関わる事象について課題を設定する際，技術の特
性に着目してその役割を捉えるという見方を用いることもできるし，現代
社会を捉える概念的枠組みに着目して課題を見出すという見方を用いるこ
ともでき，そのいずれかが正しい見方であるということはない。物事を多
角的に俯瞰して捉える中で，各教科等の見方・考え方を総合的に活用する
ことになる。

　また，②情報の収集は，効果的な手段を選択し，情報を収集することで
ある。情報活用能力を学校教育全体の中で育んでいくという方向が示され
ているように，各教科等で育まれた情報活用能力を総合的に活用すること
が求められる。

　③整理・分析は，問題状況における事実や関係を把握し理解したり，多
様な情報の中にある特徴を見付けたり，課題解決を目指して事象を比較し
関連付けたりして考えることである。ここでは，各教科等で育まれた見
方・考え方を総合的に活用する。比較，分類，関連付けといった思考の枠
組みが教科横断的に活用できるものとして探究のプロセスの中で磨かれて
いく。

　④まとめ・表現は，相手や目的，意図に応じてわかりやすくまとめ，表
現したり，学習の仕方や進め方を振り返り，学習や生活に活かそうとした
りすることである。身に付けた知識や技能等を活用したり視野が広がった
ことを実感してさらなる学習への意欲を高めたり，学んだことを自己の現
在や将来と結び付けて，自分の成長を自覚したり自己の在り方や生き方を

考えたりすることに総合的な学習の時間の特質がある。

　こうした一連の探究のプロセスの中で，各教科等で育成された資質・能力を活用することで，各教科等で育成された資質・能力は，各教科等の文脈を離れ，実社会・実生活の中で生きて働くものとなっていく。また，様々な情報は関連付けられたり，組み合わさったりして構造化し，概念的な知識へと創造的に生成されていくものと考えることができる。子供はこうした学習を経験することを通して，探究的な学びの意義やよさを理解していくことになるのであろう。

　なお，この探究のプロセスは，活動の順序が入れ替わったり，一体化したり，重点的に行われたり，一連の過程がより大きな過程の一部になったりすることは，当然起こり得る。子供にとっては試行錯誤を繰り返すことによりこうした過程を行ったり来たりすることも重要であり，探究のプロセスを意識しつつも，各段階が円滑に回ることが大事なのではなく，時には失敗をしたり，立ち止まって前提を疑って考えなおしてみるといったことがあってこそ探究的な学びであるといえる。

4)　プロセスの充実を促進するインタラクションとリフレクション

　実社会で活用できる能力を育成し，新たな概念を構成していくためには，プロセスに加えてインタラクションを重視した学習が欠かせない。なぜなら，一人一人の子供が，悩み，迷い，解決せずにはいられない課題を設定し，その課題の解決に向かって異なる多様な他者と真剣に話し合う中で思考力は育成される。なんとしても相手にわかりやすく伝えたいと願い，発表の仕方を工夫し，繰り返し話したり，丁寧に聞き取ったりしていくことでコミュニケーション力は格段に進歩していく。こうして子供の能力は発揮され開発されるとともに，対象に対する概念が着実に構成されていく。

第三章　小学校・中学校教育における新学習指導要領と 21 世紀型教育の核心　　123

　総合的な学習の時間で平和について探究的に学んできた子供が，平和劇
を創って多くの人に伝えていかなければならないと考えるようになった。
劇中の台詞「あなたは一人じゃない，あなたの後には，未来をたくした人
がいる」について，子供は次のように話合いを行った。

> D男：お母さんに守られていて無傷だった。お母さんが子供に未来を託した
> 　　　んだと思う。
> E子：私は，亡くなった人の思いがあると思う。自分のぶんまで生きてほし
> 　　　いと願っていると思う。
> F男：くじけても助けてくれる明日への言葉って感じがするよ。
> G男：戦争が二度と起きてはほしくないって感じがするな。

すると，ここで再びD男が語り始めた。

> D男：原爆直後に亡くなった人もいる。放射能で亡くなった人もいる。戦争
> 　　　が二度と起きないように，そうした多くの人の思いが，明日の未来に
> 　　　向けて僕たちに託されているんじゃないかな。

　D男の発言は質的に高まっている。それは，E子とF男とG男の発話情
報が，D男の知のネットワークを再構築した結果と考えることができよ
う。未来社会の創造に対する考えや価値がより多様に，より重層的になっ
て理解されていると考えることができる。これは，豊かな体験で得られた
情報や知識，探究し学び合う中で獲得した情報や知識がネットワーク化
し，概念として再構築されているものと創造することができる。おそら
く，こうしてネットワーク化された知識は，長きにわたって記憶にとどま
るとともに，次の場面でも活用できる使い勝手のよいものになることが予
想できる。
　ここで，もう一つ押さえておきたい学習活動がある。それが，文字言語

による振り返り（リフレクション）である。先に示したインタラクションは音声言語を中心として行う協働的探究と考えることができる。これは，緩やかに広がり交流するという特徴をもつ。一方で，失われやすい傾向もある。そこで，大切になるのがリフレクションである。これは，文字言語を中心とした個人的探究と呼ぶこともできよう。文字を使って，頭の中に刻むイメージである。

　「能力の育成」と「知の創造」は，プロセスの充実に他ならない。そのプロセスを充実したものにするには，インタラクションとリフレクションが確実に行われることがポイントとも言えよう。

5） プロセスで育成される資質・能力を三つの柱で再構成する

　プロセスで育成される能力や概念はここまで図 3-4-1 や図 3-4-2 として記してきた。それらを，先の図 3-4-3 として示した三つの柱に合わせて，再整理してみると，次のように考えることができそうである（図 3-4-5）。

ｉ） 知識や技能（何を理解しているか，何ができるか）

　課題の解決に向けて行われる横断的・総合的な学習や探究的な学習においては，それぞれの課題についての事実的知識や技能が獲得される。この事実的な知識については，各学校が設定する内容や一人一人の探究する課題に応じて異なることが考えられ，どのような学習活動を行い，どのような学習課題を設定し，どのような学習対象と関わり，どのような学習事項を学ぶかということと大いに関係する。このため，学習指導要領においては，習得すべき知識や技能については示していない。

　一方，事実的知識は探究のプロセスが繰り返され，連続していく中で，何度も活用され発揮されていくことで，構造化され，体系化された概念的な知識へと高まっていく。この概念的な知識については，例えば「様々な要素がつながり循環している（多種・多様）」「互いに関わりながらよさを

第三章　小学校・中学校教育における新学習指導要領と21世紀型教育の核心　　125

生かしている（連携・協力）」などが考えられる。探究のプロセスにより，
どのような概念的な知識が獲得されるかということについては，何を学習
課題や学習対象，学習事項として設定するか等により異なるため，個別具
体的に学習指導要領上で設定してはいないが，各学校が目標や内容を設定
するに当たっては，どのような概念的な知識が形成されるかを検討してい
くことは大切なことであると考えられる。その際，例えば，ESD の 6 つ
の構成概念を参考にすると，次のような概念的な知識の形成が考えられ
る。

■自然システム
①多種・多様：いろいろある，特色がある
②関連・循環：つながりがある，巡っている
③変容・有限：変わり続ける，限りがある
■社会システム
④独自・尊重：公平公正である，個性がある
⑤連携・協力：互いに関わりがある，互いを生かしている
⑥創造・構築：創り出している，生み出している

など

こうした概念的な知識は，科学的に考える際の見方・考え方にもなる。
子供自らによって構成された概念的な知識が，次の場面では自然システム
や社会システムにおける科学的な見方・考え方になっていくことは容易に
想像できるであろう。

技能についても，探究のプロセスが繰り返され，連続していく中で，何
度も活用され発揮されていくことで，自在に活用できる汎用的な技能とし
て身に付いていく。この技能については，学校段階が上がるほどに，文脈
から外して自覚的に身に付けることも大切にしなければならない。

また，横断的・総合的な学習や探究的な学習を通して，そうした学習を行うことの意義や価値を実感して理解するということも総合的な学習の時間に求められる重要な要素である。特に，学校段階が上がるにつれて，より概念的な知識の獲得や文脈に依存しない汎用的な技能を習得することを通して，探究的な学習の意義についての理解を深めていくことになると考えられる。こうした理解は，「ⅲ）学びに向かう力・人間性等」を育てることの基盤にもなる。

ⅱ）思考力・判断力・表現力等（理解していること・できることをどう使うか）

　課題の解決に向けて行われる横断的・総合的な学習や探究的な学習においては，「①課題の設定」→「②情報の収集」→「③整理・分析」→「④まとめ・表現」の探究のプロセスが繰り返され，連続する。このプロセスでは，実社会や実生活の課題の解決に向けて，探究の見方・考え方を発揮しながら，それぞれのプロセスで必要とされる課題の設定，情報の収集，整理・分析，まとめ・表現に関わる資質・能力を育成することが求められる。

　この資質・能力については，これまで各学校で設定する資質や能力及び態度の視点として「学習方法に関すること」として例示していたことに対応している。なお，それぞれのプロセスで育成される資質・能力については，課題の設定については複雑さや精緻さ，情報の収集については妥当性や多様性，整理・分析については多面性や信頼性，まとめ・表現については論理性や深さなどの方向性で質を高めることができる（図3-4-6）。

　こうした中で，例えば，比較する，分類する，関連付けるなどといった教科・領域横断的な汎用的な思考の枠組みは，総合的な学習の時間で明示的に学び，力を付けていくことが問題解決能力の育成にもつながっていく

第三章　小学校・中学校教育における新学習指導要領と21世紀型教育の核心　　127

ものと考えることができる。

ⅲ）**学びに向かう力，人間性等（どのように社会・世界と関わり，よりよ
い人生を送るか）**

　資質・能力の三つの柱に示す総合的な学習の時間で育成すべき「学びに
向かう力・人間性等」は，これまでに学習指導要領において示してきた三
つの視点の例示の中でも「自分自身に関すること」「他者や社会とのかか
わりに関すること」と対応している。「自分自身に関すること」としては，
主体性や自己理解，内面化して自信をつかむことなどの心情や態度が，
「他者や社会とのかかわりに関すること」としては，協同性，他者理解，
社会参画・社会貢献などの心情や態度が考えられる。それぞれについて
は，誠実さ・自分らしさ，責任・自信や，積極性，協調・開放・自我関与
などの方向性で質を高めることができるよう，学校種や学年段階に応じた
設定をしていくことなども考えられる（図3-4-7）。

6)　**重要性を増すアクティブ・ラーニングにつながる総合的な学習の時間**

　総合的な学習の時間における「能力の育成」と「知の創造」について，
科学性の芽生えや問題解決能力と重ね合わせて検討してきた。科学性が芽
生え，問題解決能力が育成されるような期待する子供の育ちは，プロセス
とインタラクション，リフレクションが重要であることも確認してきた。
充実したプロセスにインタラクションやリフレクションが有効に位置付け
られ，機能している総合的な学習の時間における豊かな学びでは，まさに
主体的・対話的で深い学びが実現しており，アクティブ・ラーニングによ
る授業改善が行われていると考えることができる。

　「能力の育成」と「知の創造」を実現する子供の学びは，今まさに求め
られている主体的・対話的で深い学びであることが必要であり，そうした
期待する豊かな学びでこそ資質・能力としての三つの柱が確かに育成され

探究のプロセスと育成すべき資質・能力の関係（案）

■小学校

	課題の設定	情報の収集	整理・分析	まとめ・表現
学習方法	■問題状況の中から課題を発見し設定する ■解決の方法や手順を考え、見通しをもって計画を立てる	■手段を選択し、情報を収集する ■必要な情報を収集し分析する	■問題状況における事実や関係を把握し理解する ■多様な情報の中にある特徴を見付ける ■課題解決を目指して、事象を比較したり、関連付けたりして考える	■相手や目的、意図に応じて分かりやすくまとめ、表現する ■学習の仕方や進め方を振り返り、学習や生活に生かそうとする
探究活動と自分自身	○課題の解決に向けて探究活動に主体的に取り組もうとする（主体性）			
	○自分らしさを発揮して探究活動に向き合い、課題解決に向けて取り組もうとする（自己理解）			
	○探究的な課題解決の経験を自信につなげ、次の課題へ進んで取り組もうとする（内面化）			
探究活動と他者や社会	○課題の解決に向けて探究活動に協同的に取り組もうとする（協同性（協働性））			
	○異なる意見や他者の考えを受け入れながら探究活動に向き合い、目標の達成に向けて取り組もうとする（他者理解）			
	○探究的な課題解決が実社会・実生活への興味・関心へとつながり、進んで地域の活動に参加しようとする（社会参画、社会貢献）			
知識	実社会の課題に関する事実的知識(※)の獲得　　　　概念的知識(※)の形成 ※総合的な学習の時間で扱う内容は各学校において定めることとなっているため、知識の具体は各学校において異なる。			
技能	課題設定のスキル　情報収集のスキル　思考のスキル　表現のスキル （比較・分類・関連付け）			

■知識は、学校種が上がるほど高度化・構造化する　■技能は、思考スキルを中核とし、学校種が上がるほど自覚化・脱文脈化する

■中学校

	課題の設定	情報の収集	整理・分析	まとめ・表現
学習方法	■複雑な問題状況の中から適切に課題を設定する ■仮説を立て、検証方法を考え、計画を立案する	■目的に応じて手段を選択し、情報を収集する ■必要な情報を収集し、多角的に分析する	■複雑な問題状況における事実や関係を把握し、自分の考えを持つ ■視点を定めて多様な情報を分析する ■課題解決を目指して、事象を比較したり、因果関係を推測したりして考える	■相手や目的、意図に応じて論理的に表現する ■学習の仕方や進め方を振り返り、学習や生活に生かす
探究活動と自分自身	○課題に誠実に向き合い、課題の解決に向けて探究活動に主体的に取り組もうとする（主体性）			
	○自分のよさを生かしながら探究活動に向き合い、責任をもって計画的に取り組もうする（自己理解）			
	○探究的な課題解決の経験を自己の成長と結び付けて考えることができ、次の課題へ積極的に取り組もうとする（内面化）			
探究活動と他者や社会	○互いの特徴を生かすなど、課題の解決に向けて探究活動に協同的に取り組もうとする（協同性（協働性））			
	○異なる意見や他者の考えを受け入れならが探究活動に向き合い、互いを理解しようとする（他者理解）			
	○探究的な課題解決が社会の形成者としての自覚へとつながり、積極的に社会活動へ参加しようとする（社会参画、社会貢献）			
知識	実社会の課題に関する事実的知識(※)の獲得　　　　概念的知識(※)の形成 ※総合的な学習の時間で扱う内容は各学校において定めることとなっているため、知識の具体は各学校において異なる。			
技能	課題設定のスキル　情報収集のスキル　思考のスキル　表現のスキル （比較・分類・関連付け）			

■知識は、学校種が上がるほど高度化・構造化する　■技能は、思考スキルを中核とし、学校種が上がるほど自覚化・脱文脈化する

図3-4-5

第三章　小学校・中学校教育における新学習指導要領と 21 世紀型教育の核心

資質・能力の三つの柱に沿った、小・中・高を通じて総合的な学習の時間において育成すべき資質・能力の整理（思考力・判断力・表現力等案）

■思考力・判断力・表現力等に示されている「探究的な学習を通して身に付ける課題を解決する力」の具体的な例示としては、以下を参照

	課題の設定	情報の収集	整理・分析	まとめ・表現
高等学校	■複雑な社会状況を踏まえて課題を設定する ■仮説を立て、それに適合した検証方法を明示した計画を立案する など	■目的に応じて臨機応変に適切な手段を選択し、情報を収集する ■必要な情報を広い範囲から迅速かつ効果的に収集し、実際の活用を意識して蓄積する など	■複雑な問題状況における事実や関係を構造的に把握し、自分の考えを形成する ■視点を定めて多様な情報から帰納的、演繹的に考察する ■事実や事実間の関係を比較したり、複数の因果関係を推理したりして考える など	■相手や目的、意図に応じて手際よく論理的に表現する ■学習の仕方や進め方を内省し、現在及び将来の学習や生活に生かそうとする など
中学校	■複雑な問題状況の中から適切に課題を設定する ■仮説を立て、検証方法を考え、計画を立案する など	■目的に応じて手段を選択し、情報を収集する ■必要な情報を収集し類型化して蓄積する など	■複雑な問題状況における事実や関係を把握し、自分の考えを持つ ■視点を定めて多様な情報を分析する ■課題解決を目指して事象を比較したり、因果関係を推測したりして考える など	■相手や目的、意図に応じて論理的に表現する ■学習の進め方や仕方を振り返り、学習や生活に生かそうとする など
小学校	■問題状況の中から課題を発見し設定する ■解決の方法や手順を考え、見通しをもって計画を立てる など	■手段を選択し、情報を収集する ■必要な情報を収集し蓄積する など	■問題状況における事実や関係を把握し理解する ■多様な情報の中にある特徴を見付ける ■課題解決を目指して事実を比較したり、関連付けたりして考える など	■相手や目的に応じて、分かりやすくまとめ表現する ■学習の進め方や仕方を振り返り、学習や生活に生かそうとする など

（縦方向の矢印ラベル：問題状況の複雑さ・仮説と検証の整合性／手段選択の適切さ・収集と蓄積の多様さ／把握の構造性・分析の多面性・根拠の確かさ／表現の論理性や手際よさ・内省の発揮）

図 3-4-6

ていると考えることができる。

　新しい教育課程では，生きて働く「知識・技能」や未知の状況にも対応できる「思考力・判断力・表現力等」として，それぞれの高度化が期待されている。そのことと同時に，高度化された「汎用的な能力」と「精緻化された知」を，安定的かつ持続的にコントロールできる「学びに向かう力・人間性等」の育成も同じように期待されているのである。

　資質・能力の育成の中核をなす時間として，総合的な学習の時間が大きくクローズアップされてきた。21 世紀の社会に求められる人材を育成する 21 世紀型教育においては，総合的な学習の時間が教育課程上の重要な役割を担うこととなってきているのである。すなわち，21 世紀型教育に

資質・能力の三つの柱に沿った、小・中・高を通じて総合的な学習の時間において育成すべき資質・能力の整理（学びに向かう力、人間性等案）

■学びに向かう力、人間性等の具体的な例示としては、以下を参照

	主体性・協同性	自己理解・他者理解	内面化・社会参画	
高等学校	○課題に真摯に向き合い、より適切な課題の解決に向けて探究活動に主体的に取り組もうとする（主体性） ○互いを認め特徴を生かし合うなど、課題の解決に向けた探究活動に協同的に取り組もうとする（協同性）　など	○自分の特徴を生かし当事者意識と責任感をもって探究活動に向き合い、計画的に着実に取り組もうとする（自己理解） ○異なる意見や他者の考えを受け入れながら探究活動に向き合い、互いを尊重し理解しようとする（他者理解）　など	○探究的な課題解決の経験の蓄積を課題解決への信念や自信、自己肯定へとつなげ、さらに高次の課題に取り組もうとする（内面化） ○探究的な課題解決の経験の蓄積が、自己有用感や実社会・実生活に貢献しようとする態度へとつながり、社会の形成者としてよりよい社会の実現に努めようとする（社会参画・社会貢献）など	課題解決への誠実さ・他者との協調性／自分らしさの発揮と責任感・異なる考えへの開放性／課題解決への自信と積極性・社会への関与意識
中学校	○課題に誠実に向き合い、課題の解決に向けて探究活動に主体的に取り組もうとする（主体性） ○互いの特徴を生かすなど、課題の解決に向けて探究活動に協同的に取り組もうとする（協同性）　など	○自分のよさを生かしながら探究活動に向き合い、責任をもって計画的に取り組もうする（自己理解） ○異なる意見や他者の考えを受け入れながら探究活動に向き合い、互いを理解しようとする（他者理解）　など	○探究的な課題解決の経験を自己と結び付けて考えることができ、次の課題へ積極的に取り組もうとする（内面化） ○探究的な課題解決が社会の形成者としての自覚へとつながり、積極的に社会活動へ参加しようとする（社会参画、社会貢献）など	
小学校	○課題の解決に向けて探究活動に主体的に取り組もうとする（主体性） ○課題の解決に向けて探究活動に協同的に取り組もうとする（協同性）　など	○自分らしさを発揮して探究活動に向き合い、課題解決に向けて取り組もうとする（自己理解） ○異なる意見や他者の考えを受け入れながら探究活動に向き合い、目標の達成に向けて取り組もうとする（他者理解）　など	○探究的な課題解決の経験を自信につなげ、次の課題へ進んで取り組もうとする（内面化） ○探究的な課題解決が実社会・実生活への興味・関心へとつながり、進んで地域の活動に参加しようとする（社会参画、社会貢献）　など	

図 3-4-7

おいては，各教科はもちろん，各教科と総合的な学習の時間とがどのような関係性をもった教育課程としてデザインされるかが，とても重要なポイントとなってきていると考えることができよう。

（参考文献）

・「審議のまとめ」中央教育審議会教育課程部会，平成 28 年 8 月

・「授業を磨く」東洋館出版，平成 27 年 4 月

・「生活・総合アクティブ・ラーニング」東洋館出版，平成 27 年 6 月

・「アクティブ・ラーニングを考える」東洋館出版，平成 28 年 8 月

おわりに

　日本には、大正デモクラシーに端を発する教育の流れとして、全人教育（Whole man Education）という玉川学園の創始者：小原國芳が提唱した考え方がある。こうした日本の教育の流れと呼応するように今、世界の教育改革の動向は人間の全体的な能力をコンピテンシー（competency）という言葉で捉え、その目標として設計する教育政策が潮流となっている。日本の教育改革でも、その傾向は着実に推し進められ平成30年度から始まる「新学習指導要領」の全体像（以下の図）でも、保育や幼児教育を確実な基盤とした教育政策が組み立てられた。

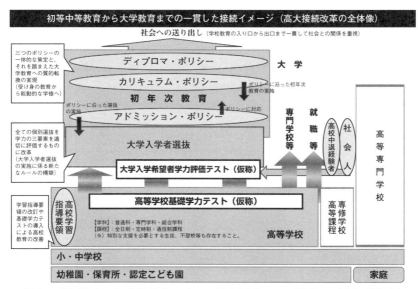

保育・幼児教育から大学教育、そして社会活動までの構造図（文部科学省）

　それは、『2030年の社会と子供たちの未来』と題され、〈予測困難な時代に、

一人一人が未来の創り手となる〉ことを目指している。

　子供たち一人一人が、予測できない変化に受け身で対処するのではなく、主体的に向き合って関わり合い、その過程を通して、自らの可能性を発揮し、よりよい社会と幸福な人生の創り手となる力を身に付けられることが重要であるとする。

　今まさに、学校と社会とが認識を共有し、相互に連携することができる好機にあると言える。学校教育がその強みを発揮し、一人一人の可能性を引き出し豊かな人生を実現し、個々のキャリア形成を促し、社会の活力につなげていくことが、社会からも強く求められているのである。

　そして、子供たちの現状と未来を見据えた視野から、学校教育の中核となる教育課程の改善を目指す改革の方向性は、国際的な注目も集めているところであり、我が国の子供たちの学びを支えるとともに、世界の子供たちの学びを後押しするものとすることが期待されているのである。

　こうした状況を鑑みつつ、編著者である小林辰至氏は、本書『科学性の芽生えから問題解決能力育成へ―新学習指導要領における資質・能力の観点から―』の〈はじめに〉において「中央教育審議会答申で示された学習指導要領の改善の理念を幼児教育、生活科教育、理科教育においてどのように具現化するかについて、主として問題解決・探究能力の育成の観点から提案する」としておられる。お目通し頂いた読者諸氏はどのような感想をお持ちになったであろうか？　さらに、「執筆者は、大澤力氏の主張する幼児教育における科学性の芽生えの重要性に共感した専門領域を異にする第一線で活躍している諸氏である。中央教育審議会答申の理念〈予測困難な時代に、一人一人が未来の創り手となる〉を確実に受け止め、子供たちの発達・成長を縦軸として捉え、幼児教育、生活科教育、理科教育、総合の時間を連続的かつシームレスに接続して、2030年の社会を逞しく生きる次の世代を育成する！」このことこそ、最も重要な教育課題と云えるであろう。そこに、満を持して、本書を発刊した大いな

るねらいが存在する。

　現在から未来を創る人を育むことの基盤は、自然とのかかわりを活用する教育で培われる。しかし、地球や人類の将来を的確に見据え、実践的に多様で困難な課題を乗り越え、次の時代を確実に創り出してゆく為には、人間の全体的な能力を力強く育む必要がある。自然を積極的に取り入れた科学性の芽生えから問題解決能力育成へとつながる〈幼児教育、生活科教育、理科教育、総合的な学習の時間〉、さらに大学教育・社会教育こそが、今、是非とも必要だと考える。

平成 29 年 3 月吉日　東京家政大学　大澤力

〈執筆者一覧〉

◎小林辰至　上越教育大学大学院教授
　　　　　　博士（学校教育学）
　　　　　　神戸市立中学校教諭、宮崎大学教授を経て現職

◎後藤顕一　東洋大学食環境科学部教授
　　　　　　博士（学校教育学）
　　　　　　国立教育政策研究所教育課程研究センター基礎研究部総括研究官、文部科学
　　　　　　省初等中等教育局教育課程教科調査官（併任）、国立教育政策研究所教育課
　　　　　　程研究センター研究開発部教育課程調査官（併任）を経て現職

◎大澤力　　東京家政大学子ども学部教授
　　　　　　博士（学校教育学）
　　　　　　私立幼稚園教諭・主任、専門学校専任講師を経て現職

◎田村学　　国学院大学人間開発部教授
　　　　　　文部科学省初等中等教育局視学官、文部科学省初等中等教育局教科調査官
　　　　　　（併任）、国立教育政策研究所教育課程研究センター研究開発部教育課程調査
　　　　　　官（併任）を経て現職

◎五島政一　国立教育政策研究所教育課程研究センター基礎研究部総括研究官
　　　　　　博士（学校教育学）
　　　　　　神奈川県公立中学校教諭を経て現職

科学性の芽生えから問題解決能力育成へ
　―新学習指導要領における資質・能力の観点から―

2019 年 5 月 20 日　第 2 刷発行

<table>
<tr><td>編著者</td><td>小　林　辰　至</td></tr>
<tr><td></td><td>大　澤　　　力</td></tr>
<tr><td>発行者</td><td>鈴　木　康　一</td></tr>
</table>

<table>
<tr><td rowspan="4">発行所</td><td>〒 112-0015　　東京都文京区目白台 1-9-9</td><td rowspan="4">㈱ 文化書房博文社</td></tr>
<tr><td>http://user.net-web.ne.jp/bunka/</td></tr>
<tr><td>電話 03（3947）2034　　FAX03（3947）4976</td></tr>
<tr><td>振替 00180-9-86955</td></tr>
</table>

ISBN978-4-8301-1295-9　Ⓒ1037　　　　　　印刷・製本　シナノ印刷